U0671437

平台经济学丛书

平台赋能 行业变革

PLATFORM ECONOMICS

王学成——著

网约车对出行行业的影响研究

PLATFORM ENABLING INDUSTRY REVOLUTION

Research on the Impact of E-hailing on the Travel Industry

本书出版得到北京市科技创新服务能力建设项目"风险资本在平台企业发展中的作用研究"（立项号：110052971921/075）和国家社科基金重点项目"支撑全面建设社会主义现代化国家的交通强国实现路径研究"子课题"交通运输支撑引领新型城镇化机制及政策研究"（立项号：21AZD019-001）的资助。

经济管理出版社
ECONOMY & MANAGEMENT PUBLISHING HOUSE

图书在版编目（CIP）数据

平台赋能行业变革：网约车对出行行业的影响研究/王学成著 . —北京：经济管理出版社，2022.1

ISBN 978 - 7 - 5096 - 8302 - 6

Ⅰ . ①平… Ⅱ . ①王… Ⅲ . ①出租汽车—旅客运输—产业发展—研究—中国 Ⅳ . ①F572.7

中国版本图书馆 CIP 数据核字（2022）第 019908 号

组稿编辑：王光艳
责任编辑：李红贤 亢文琴
责任印制：黄章平
责任校对：王淑卿

出版发行：经济管理出版社
　　　　　（北京市海淀区北蜂窝 8 号中雅大厦 A 座 11 层　100038）
网　　　址：www. E - mp. com. cn
电　　　话：(010) 51915602
印　　　刷：唐山昊达印刷有限公司
经　　　销：新华书店
开　　　本：720mm×1000mm/16
印　　　张：12
字　　　数：202 千字
版　　　次：2022 年 2 月第 1 版　2022 年 2 月第 1 次印刷
书　　　号：ISBN 978 - 7 - 5096 - 8302 - 6
定　　　价：68.00 元

· 版权所有　翻印必究 ·
凡购本社图书，如有印装错误，由本社发行部负责调换。
联系地址：北京市海淀区北蜂窝 8 号中雅大厦 11 层
电话：(010) 68022974　邮编：100038

自　序

时空经济视角下的经济发展进程解读

2012 年以来，以网约车为代表的平台经济模式实现了互联网技术创新与商业模式创新的深度融合。面对数字经济新业态对传统经济秩序的强烈冲击，亟须讨论变化因何而来、向何处去的问题，即作出经济学的解释。本书基于此展开讨论，并特别地强调了具体的时空视角，以期提供更贴近现实的解读。笔者在写作过程中，思维时有发散，对经济社会发展的宏观进程产生了一些思考，因此将其单列于此，作为自序。

当前世界经济不断发生着重大变革。与以往通过技术突变带来的生产力解放不同，此轮变革的重点不仅在于提高大规模高精度生产的效率，而且在于更加注重生产系统和消费系统的协调，由此服务业由从属性行业变为国民经济体系中不可或缺的基础行业，越来越多的生产性行业也呈现出服务化的特征。信息技术的发展极大地改变了所有人获取信息的方式和处理信息的能力，尤其是互联网技术的进步与互联网商业模式创新的结合，消费者不只是"看不见的手"规则的执行人，而且更多地参与到规则的制定当中，商业民主时代正在悄然降临。平台商业模式创新就是其中的典型，建立在移动互联网基础上、面向消费者的、去中心化的平台组织不断涌现。网约车平台作为"互联网＋交通"领域的重大创新，在出行服务市场重塑中发挥了重要作用。

人类经济社会发展的动力是什么？这是经济学作为一门"经世济民"的学科必须要回答的重大问题。各个学派从不同角度关注了劳动力、技术进步、企业家精神、国际贸易、资本等因素在推进生产力"质"的跃升中所发挥的作用。但是很少有学者专门从时空视角审视这个问题。时间和空间是一切经济活动赖以存在和发展的基础维度，也是一种重要的经济资源。时间和空间是社会经济活动存在的基本形式，社会成员对时间、空间的利用程度和经济时空结构的构建水平决定了经济社会发展的整体水平。

人类从自然时空进入经济时空，经济活动逐渐降低随机性和偶然性，由适应型经济时空转为经营型经济时空，由追求高经济密度的压缩型时空转而追求更有效率的协调型时空。生产力的发展促成经济时空的结构优化，与时俱进的经济时空观念也极大地解放了生产力，促进了经济发展。从时空经济视角重新审视生产力发展的进程，不仅可以对当下经济社会发展有新的、深刻的认识，也对如何拥抱未来经济世界有一定的指导意义。

生产力发展的进程具有明显的层次性，可以根据各个时期不同生产要素发挥作用的方式和人的能动性的大小来进行简单划分。各阶段之间并没有截然分明的时间和标志事件，大多数情况下是主导经济时空的迭代。图 0-1 展示了一种新的分类方式。

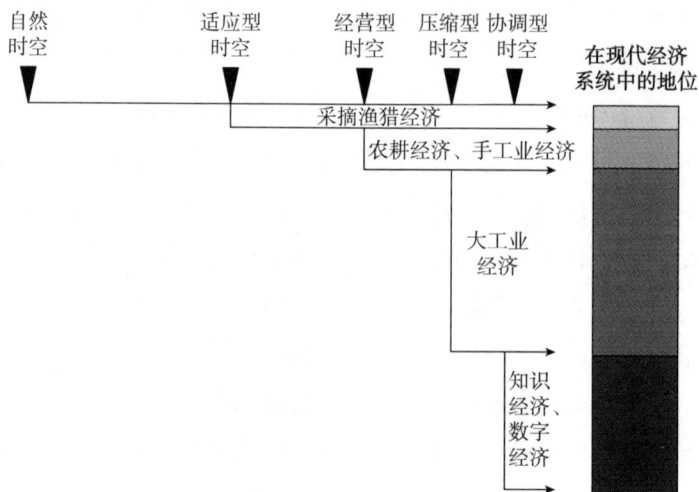

图 0-1　基于时空经济视角的生产力发展进程示意图

自然时空中没有规模化的经济活动，生产力水平低下。从时空特征来看，人类活动的不确定性过大，生产活动没有固定的时空维度，面对自然往往手足无措。每一次采集食物的行动，都需要花费大量的时间，搜索浩渺的区域，这些行为几乎不可控，时空资源浪费在克服偶然性上。在这个时期，人类掌握的、可经营的经济资源很少；劳动分工主要存在于性别之间、部落种族之间。

随着生产工具的进步和集体协作的发展，人类的组织化水平不断提高，社会关系更加紧密和多样化，逐步进入到适应并有限改造自然的"适应型时空"。人类的生产活动已经处在比较稳定的时空维度中：通过种植农作物、驯化野生动物来获得稳定的食物来源，并固定在住所周围等可控的时空范围内。但是很长一段时间内，人类的农业生产活动都处于比较低的水平，不得不靠天吃饭。信奉神明比改造劳动工具、开垦荒地更"重要"。就时空经济中的任一部分来看，不能从邻近的时空中获得额外的资源，每一点都是被动的、有限的饱和状态；就整体来看，时空经济的密度低，不同要素间缺乏流动性，经济社会几乎处于静态模式。

在经营型时空中，人类具备了大规模改造自然和改良生产关系的能力。经营型时空经济的第一阶段是压缩型时空。资源快速向生产力发达地区聚集，并促成生产力的再发展。这一阶段人类面临的经济时空问题是如何自如地安排生产的时空维度，合理调节农事活动，对应的生产问题是如何做到"尽地力"。生产工具的进步、种植制度的变革、田间管理精细化等顺应社会需求而生。其空间资源上表现为人类活动范围的大扩张，原本不适合耕作的土地变为可耕地。其时间维度上可以根据气候条件在精准的时段完成对应的农业生产任务，表现为作物熟制缩短。江南地区在魏晋时期开发之后出现了一年两熟、三熟的种植制度，时间维度上给自然禀赋的积极利用带来了产出的成倍增长。一系列农学著作等将田间管理精细化的经验积累下来，这是有目的、成体系的时空固化行为。

流通型时空在农耕时代的中后期开始发展壮大，并成为小农经济逐渐退出历史舞台的重要动力。在自给自足的经济方式下，生产时空和消费时空不分离，交易成本非常高，远远滞后于经济发展的需要。在古代中国、古代印度等大陆性国家，对流通环节的歧视甚至以制度和文化的方式固定下来。流通时空的发育为经营才能提供了更大的舞台，游商和集市大大增加了成功交易的机会。另外，交易使得参与经济活动的主体的"专业化"特征大大提高，提高了分工与协作的效率。交通运输的发展不仅尽可能地实现了经济活动中时间的缩短和地域的沟通，而且实现了产业协作与集聚，促进了经济中心的形成等，成为流通时空发展最大的"硬支持"。信用制度的发展，尤其是信用工具的创新，使生产、贸易、消费等经济活动脱离原有时空的束缚，成为流通时空发展最大的"软支持"。货币地租、流通纸币等促进了流通时空内容的丰富。流通时空的产生、发展、壮大，推动人类社会进入时空经济变革的新时代。

进入工业社会，生产型时空和流通型时空都实现了新的跨越式发展，最显著的特点就是单位时空范围内经济活动密度不断提高，迎来时空经济的急剧压缩。工序层面的分工增加了工厂处理资源的能力。复杂劳动事件实现了在同一时间点上的空间分离，这有益于专业化和技术创新的再循环。工业社会在生产方式上最大的特征就是机器化大生产，大大节约了劳动时间，提高了生产效率。新能源的广泛使用、新的动力设备和高效的制造设备的出现和进步，都为生产时空的进一步收缩准备了条件。产业集聚由于实现共享部分时空资源而起到降低成本的效果。资源、产业和财富的聚集也带来了人口和行政力量的聚集等，促进了现代化大城市的崛起。在交通领域，大运量、低成本的火车冲击了传统的马车地位，铁路的出现减少了产品的流通时间，拉近了地域间的距离。此外，铁路带来了标准时间，严格的时间观念渗透到一般人的日常生活中，标准时间进一步为地域间的经济协同创造了条件。重商主义经济学思潮代表了压缩型时空的价值取向。国家千方百计提高自身的生产能力，并想方设法将产品销售到别的国家，以换取黄金、白银。为此，在国家力量的支持下，企业将经济活动与政治胁迫、军事打击等一同延伸到世界的各个角落。

时空经济的第二次急剧收缩开始于 19 世纪七八十年代，建立在能源动力技术和通信技术的进步之上。发电机和电动机的发明使机械动力突破地域的限制，动力第一次在真正意义上突破了时空的制约。内燃机和石化燃料的高效使用带来了交通工具的巨大飞跃，汽车、飞机和轮船等更加灵活、便捷，大运力、快速的交通工具对经济活动时空上的压缩有不可估量的作用。交通运输开始由"点聚集、线发展"向网络化、综合化、立体化迈进。电话的发明则使信息传递突破时空的限制。其后发展的电报技术、广播技术等都使经济活动对时空的反应更加灵敏。压缩型时空往往一旦形成便具有持续的引力，直到规模经济的临界点或资源供给上限或企业保证持续竞争力所能容忍的最低效率。两次工业革命都是通过对时空维度的大幅度压缩来促进生产力的发展的。这种模式不可避免地造成了资源浪费、产能过剩、环境污染等外部性问题。

因此，协调型时空应运而生，现代契约关系下的企业家才能，尤其是系统化、科学化后的管理经验使生产水平在不增加资源投入的情况下能够继续提高。协调经济时空开始释放压缩时空累积的高密度，知识、信息等新资源与原料、动力、交通等传统资源之间的协调性不断加强。协调型时空更多考虑的是如何使供需在时间和空间上实现匹配，如何最大限度地发挥时空通道的经济作用，如何使资源在合适的时间、合适的地点被有效地利用，如何在更大的时空尺度下实现分工与协作的精细化。协调型时空主要包括经济主体间的协调、企业内部的协调、行业或产业链的协调、再生产环节的协调等内容。计算机技术的发展开辟出人与物质世界交流的新途径，使人的思维程序化后更及时、更广泛地作用到时空客体中。受时空距离和时空分割限制的信息束缚放松，时空通达性提高，信息传递的成本降低。新产业的诞生不断丰富着时空经济的内容，消费者、流通商、生产者以及其他服务者在各领域间关系更加密切，时空链条更加完善、可靠。企业的主要任务不只是生产足够多的产品、压榨劳动者、成本管理等，更重要的是如何"恰好"找到需求者，提高产品和服务的附加值。压缩型时空的问题是技术改造、设备更新、产品换代等，而在协调型时空下更多的是如何通过高新技术和软实力实现经济活动系统性的一体化，尤其要重视通过商业模式的创新实现物尽其用，人的个体性需求最大程度地得到满足。消费时空的完善代表了一种全新的社会秩序理念，作为普通个体的消费者在享受经济社会发展成果时具有更多的权利。

互联网时代的崛起成为推动协调型时空发展的重要动力。从全球互联网发展的基础来看，互联网用户数已超 46.48 亿，持续多年保持较快的增长速度。截至2020 年底，中国网民总数达到 9.89 亿，互联网普及率达 70.4%，其中手机用户为 9.86 亿人。我国境内外上市互联网企业数量达到 100 多家，总市值达 16.8 万亿元；网信独角兽企业[①]总数为 207 家。随着互联网，尤其是移动互联网的大力普及，信息时代以过去任何一个时代都无法企及的速度在迅速发展。从本质上看，互联网及其衍生的信息技术、数字技术等重新建构了现实世界和虚拟世界的关系，形成一种与以往完全不同的物信关系。大量信息从物理世界中剥离出来，

---

① 网信独角兽是指最近一次融资时企业估值超过 10 亿美元的新生代未上市网信企业。数据来自CNNIC 第 47 次《中国互联网络发展状况统计报告》。

并建立起网络化的紧密连接，未来必将形成一套与物理世界并行的虚拟世界系统，其影响也必然超越经济范畴，在政治、文化等方面产生深远影响。数字经济放大了信息的价值，并将其作用到物的世界，提高了物的使用效率，并扩大了经济效益。在物联网、大数据、云计算等技术的支撑下，物理和信息之间不断产生深度交互，人通过驾驭物信关系，能动性大幅提高，社会生产力实现跨越式发展。当然，物信关系变化，提高了社会的流动性、整体性和差异性，而人为设定的各种隔阂并没有显著减少，造成系统风险不断增加，摆在人们面前的问题也愈加复杂。

从中国经济当下的表现来看，依靠传统组织挖掘经济潜能已经发挥到极致，传统发展路径必然导致产能的进一步扩张，造成社会资源的极大浪费和生产关系的扭曲。以数字经济为代表的新经济给了我们更多的启发，互联网技术与商业模式创新相结合，激活存量资源，挖掘经济潜能，对提高整体效率更具现实性。另一个重要的方向是：以个人为中心的市场组织方式将更加普遍，不仅表现在生产领域的按需生产、流通领域的扁平化等，也表现在个人参与经济活动时的话语权的提升，这种提升使个人行动对市场结果的影响更加直接、有效。以史为鉴可以知兴替，时空视角下的经济发展进程带来的启示至少包括：面向个体消费者重构生产和服务时空是必然趋势；市场规则将更加偏向自由开放又不失秩序的互动、互利式组织方式；经济系统的整体效率、价值实现的方式将更加依赖可控、精细的小尺度微观经济时空。

前　言

在数字经济和知识经济时代背景下，移动互联网技术与平台商业模式融合创新，引领经济发展新趋势。网约车作为"互联网＋交通"的新业态，重塑了出行服务市场。网约车平台在网约车行业发展中发挥了什么作用？如何调动不同资源构建出一个特定的出行市场？在分散化个体需求与分布式供给组织的匹配中发挥了什么功能？在相关议题的讨论中，包括平台经济、双边市场等领域的先行者对网络外部性、价格机制以及平台竞争策略等进行了充分的研究，为本书奠定了基础。但也应该看到，对平台主导的匹配及其对出行领域特定供需的调节机制还缺乏系统考虑，留下了进一步研究的空间。

本书立足于经济学的解释性思维建立基础研究框架。本书将时空经济视角和奥地利经济学派思想引入主流经济学供需分析框架中，重视特定时空中资源、主体、行动和规则的个体异质特征。本书着眼于分散化需求层面的主观个体特征、分布式供给层面的虚拟化和平台化特征，深入探讨了平台匹配方式在特定时空中发挥的独特功能。在研究方法上，本书主要使用了案例研究和对比研究相结合的方法，选取滴滴出行服务平台作为主案例，对比研究了网约车和传统出租车行业的产品性质、组织方式和市场形态等。

本书的主要研究内容及研究结论包括以下三个方面：

第一，对城市出行服务体系及网约车功能定位的研究。本书从一般—特定关系入手重新审视城市出行行业，分析了交通供给中大力发展公共交通、抑制私人交通的二分对立政策及其造成的准公共交通行业供给不足和秩序混乱的问题。传统出租车作为准公共交通的重要组成部分，陷入了数量管制和价格管制的困境。新生的网约车平台是准公共交通供给的重要补充，通过调动存量司机和车辆资源，与传统出租车展开竞争，对私人出行形成替代，以市场化的方式部分解决了面向出行者的城市交通管理难题。

第二，对网约车平台在特定出行需求中发挥的供需匹配功能进行研究。网约车平台通过移动互联网技术和平台商业模式的结合，能够对出行者个体差异化需求进行响应，基于对完整出行时空链条的分析发现，网约车平台为司机和车辆提供了虚拟经营组织的基础，实现了职业身份的虚拟化和工作安排的虚拟化；与传统出租车行业相比，其组织方式层级更加扁平化，主体更加简单，模式更加清晰。网约车平台以大数据为基础，借助智能算法面向消费者实施匹配。网约车平台以司乘互评基础上的派单机制为核心方式，尽可能满足出行者的特定时空场景需求；评分与派单量关联，实时微调派单机制，直接影响司机收入，激励司机提供更为优质的服务。网约车平台通过发挥汰劣机制维护市场活力和竞争秩序。从整体匹配市场的塑造来看，网约车平台与资本携手促成匹配市场快速形成，基于市场要素的多样性进行快速试错和渐进式创新，平台没有垄断匹配的内部动力，但是存在实施垄断的外部压力。安全问题是网约车平台自身发展和外部监管中都应重视的关键问题。

第三，对网约车新政的影响及评价研究。国家层面制定了较为宽松的政策，地方因地制宜出台实施细则的过程中存在较多问题。对地方实施细则的实证分析发现，政策制定随意性较大，普遍偏严，并没有充分考虑城市居民出行需求与城市交通供给条件。地方细则不利于信息撮合类平台的发展，反而造成重资产平台的崛起，与出行行业控制增量、盘活存量的改革方向相违背；实施细则导致传统行业中的层级组织和食利主体再次回潮。网约车平台经济性受到约束，并传导到供需层面，多样化的虚拟组织锐减，个性化出行场景需求得不到满足。基于此，本书建议对经营性小汽车机动出行领域进行全口径统一管理，尽快启动新一轮网约车政策调整，建立稳定的良性监管方式。

本书的创新主要表现在：①重视特定时空视角中的个体性、异质性问题，与传统供需分析注重价格—数量关系的范式形成差异。②构建了以平台匹配机制为核心的特定时空供需分析框架。③研究发现，网约车平台的经济性来源于信息技术创新与商业模式创新的结合，可以快速、精准实现特定需求的响应，通过汰劣机制调动虚拟组织参与供给，构建了差异特征匹配的多样化产品市场。④在理论分析基础上对现有地方网约车实施细则存在的问题进行研究，并建议建立与平台经济相适应的部—市、平台两级三主体管理制度。

　　本书的研究意义包括：在现实层面，可以加强对网约车行业的认识，为网约车平台经营和政府管理提供参考，并将其推广到根据一般性的互联网平台型商业模式中；在理论层面，可以丰富传统经济学供需匹配机制的解释范围，提高特定经济现象的解释能力，为知识经济和数字经济时代市场组织方式的创新研究提供借鉴。

目 录

第一章
研究设计

库恩在《科学的革命结构》中将科学研究的问题分为三类，即重要事实的确定、事实与理论相匹配、理论的诠释。本书的研究主要集中在重要事实的确定、事实与理论相匹配。在对重要事实的确定方面，本书主要聚焦于互联网信息技术快速发展背景下创新的网约车服务平台，试图对其在出行供需匹配市场中发挥的功能进行界定。在事实与理论相匹配方面，本书试图突破传统经济学分析重视一般性而忽视特殊性的思维惯性，以经济学理论回归真实经济世界为原则，将网约车平台作为特别的市场组织方式和运行机制进行研究，并探究其经济性质的来源。本书借鉴了引入时空视角的匹配分析，引入了新自由主义经济学关于个体主观性和市场过程等的分析，力图形成更贴近事实的经济学解释。

一、研究背景：网约车出行新业态的形成

网约车是互联网经济与交通运输产业融合创新的产物，是平台经济发展的典型代表。本部分内容主要包括：①对网约车行业主要产品、企业组织、政府监管和消费者反映等进行了概述；②对中国网约车发展阶段进行了划分；③对网约车行业的机遇和挑战进行了简要总结。

（一）网约车在国外的发展情况

早在网约车流行之前，国外就已经出现了很多信息技术、互联网商业模式与交通运输服务相结合的例子。例如，2000 年成立的 Zipcar，在集中居住区建立了小规模的车辆有偿共享机制，会员可以通过手机客户端进行搜索、预约、取用和归还闲置车辆，并为此支付部分报酬。法国巴黎在 2007 年推出了基于现代网络信息技术的公共自行车服务系统 Velib，该系统支持信用卡即时结算，并提供站点的实时情况查询。这些尝试的业务核心依然是"传统出行方式 + 互联网"，通过现代信息技术提高运营的效率。

Uber 的出现正式宣告了互联网向传统出行行业的渗透。2009 年，UberCab 公司在洛杉矶成立，并于 2010 年在旧金山推出 Uber 手机客户端，乘客可以通过该手机 App 获取出行服务，司机可以通过自有私家车来满足乘客需求并获得收入。网约车的产生有其必然性，绝大多数国家在传统出租车行业都实行比较严格的管制。Uber 因为打破了普遍存在的出租车行业管制困局而得到快速发展。Uber 提供了多种内容不同、定价各异的服务，以满足不同的出行场景。其在正式运营后的三年里，以平均每月两位数的高速度保持增长，2013 年进入爆发式的扩张时期。Earnest Research 使用美国信用卡消费数据进行估算后发现，2018 年，43%的人使用过网约车服务（见图 1－1）。

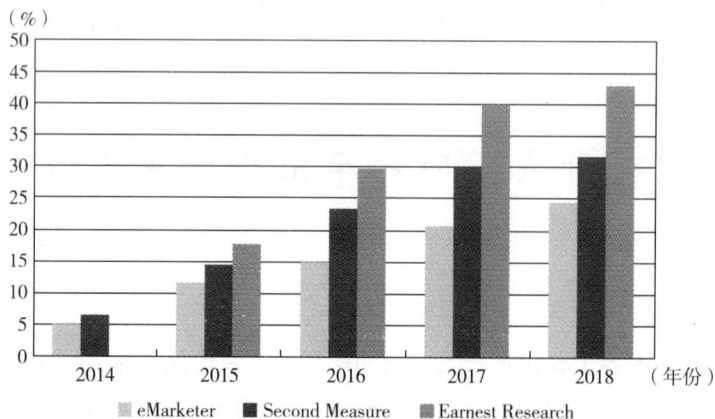

图 1－1　部分机构统计的网约车渗透率①

---

①　资料来源：http：//finance. sina. com. cn/stock/usstock/c/2018 － 06 － 25/doc － ihencxtt7969783. shtml。

以 Uber 为代表的互联网出行服务在全球范围内迅速成为最热门的创新商业模式。因其现象级的成功，被当作共享经济的成功典范，带动了其他行业的 Uber 化（Uberification）。从全球网约车平台的发展来看，Uber 凭借先发优势和成熟的信息处理能力、运营组织能力，快速向主要发达国家铺展业务，在美国、加拿大、澳大利亚和英国均取得了市场领先地位。另外，更多本地企业也加入模式仿制中，推出本土化的网约车平台。例如，印度市场中，Olacabs 渗透率达到14.4%，远高于 Uber 的 4.49%。170 多个国家和地区均出现了网约车或类似的服务（见表 1-1）①。网约车发展速度也远超预期，根据贝恩咨询 2015 年的估算，全球网约车市场规模在 2020 年将达到 720 亿美元。中金公司发布的数据显示，2019 年全球网约车市场总量约为 740 亿美元②。即使受 2020 年全球新冠肺炎疫情影响，网约车市场略有下滑，但前景依然看好。Strategy Analytics 发布的《2021 年上半年全球叫车服务市场更新：全球网约车运营商面临艰难的宏观经济环境》估计，未来 10 年，全球网约车市场活跃司机数量的复合年增长率约为 9.8%③。

表 1-1　部分国家主要网约车平台情况

国家（地区）	主导平台	其他平台
印度	Ola Cabs	Uber，Meru
韩国	—	Kakao Taxi，Uber，Limo Taxi，T-Map Taxi
日本	—	Line Taxi，Hailo，Uber
东南亚地区	Grab Taxi	Uber，Easy Taxi
英国	Uber，GETT	Hailo，Addison Lee
法国	BlaBlaCar	Uber，Chaffeur-Prive，LeCab
西班牙	My Taxi，Hailo	Cabify
捷克	—	Uber，Liftago，Tick Tack Taxi，AAA
德国	Mytaxi	Wundercar，Uber，BlaBlaCar，Blacklane

---

①　资料来源：http://www.dy.163.com/v2/article/detail/CC45932N051196V7.html。
②　资料来源：http://www.finance.eastmoney.com/a/202105121918146233.html。
③　资料来源：http://www.199it.com/archives/1232841.html。

续表

国家（地区）	主导平台	其他平台
瑞典	—	Uber，Taxijakt
俄罗斯	Yandex	Uber，GETT
加拿大	Uber	—
墨西哥	Uber	Cabify，Easy Taxi，Yaxi
美国	Uber，Lyft	Sidecar，Flywheel，Via，Curb
巴西	Easy Taxi，Uber	—
哥伦比亚	Cabs	Uber，Easy Taxi
肯尼亚	Maramoja	—
中东	Uber，Careem	Easy Taxi
以色列	GETT	RideWith，Uber
土耳其	—	Uber，BiTaksi
澳大利亚	Cabcharge，Uber	Ingogo，GoCatch，RideBoom

资料来源：福布斯中文网，http：//www.forbeschina.com/review/201509/0045257.shtml。

2015 年末，Uber 订单总量为 10 亿单。2017 年，Uber 月活跃用户数量高达 7500 万人，活跃司机数约 300 万人。到 2018 年年中，Uber 已经在全球 60 多个国家的 545 个大中城市提供各类出行服务。Uber 年报显示，2020 年其总营收为 111 亿美元，而疫情影响前的 2019 年，其年度总营收高达 130 亿美元。Uber 最大的竞争对手 Lyft，2020 年全年在美国和加拿大的总营收也达到 24 亿美元。

以 Uber 为代表的国外网约车也面临诸多发展问题。例如：消费者安全保护方面措施不足，与网约车司机关系不明确，对刷单、司机挑单等问题管理不力，与地方政策法规硬冲突较多；部分人口较少的国家网约车平台难以形成网络经济效应，而海外拓展又不能很好地结合当地文化；主要网约车平台盈利情况始终堪忧，即使是已经上市的 Uber 和 Lyft，也尚未实现全面盈利。在自身盈利前景尚不明朗的情况下，部分网约车平台继续在无人驾驶、智能交通等领域持续大手笔投入，并谋求通过资本市场解决发展瓶颈。

（二）中国网约车发展的阶段性特征

网约车模式发端于美国的 Uber①，其在美国实现了从概念到成熟产品的培育过程。但是从发展现状来看，中国网约车市场却成为全球典范。中国网约车市场容量、主要平台企业订单量以及在民众中的渗透率都远好于国外。Uber 早在 2014 年 2 月就进入中国，投入 20 亿美元布局 60 多个城市②，并在中国率先推出 UberX 与传统出租车行业展开正面竞争。鼎盛期，Uber 全球营业额最高的前五座城市中，中国占据三席，成都曾取代纽约跃居榜首。2016 年 8 月，Uber 与滴滴达成战略合作协议，Uber 正式退出中国市场。有的学者将 Uber 在中国失利的原因归结为文化和环境适应性，例如，Uber 优惠码远不如微信红包更容易被消费者接受，Uber 坚持使用邮件客服导致不能快速回应消费者投诉等。但是从内在原因看，以滴滴为代表的网约车平台能够充分挖掘中国经济发展的独特要素，准确把握用户需求、灵活组织供给，并在实现双边匹配中发挥了更重要的作用。

中国出租车行业起步晚，是改革开放后率先开放竞争的行业，在经历短暂的野蛮生长阶段后，很快确定了数量管制、价格管制和政府主导质量管控的行业格局。与此相伴的是绝大多数中国城市公共交通供给不足、私家车快速增长，不可避免地造成了大量需求得不到满足，传统出租车行业打车难、服务差，游离在法律之外的非正规出租屡禁不止。这些都成为中国网约车发展的重要契机。

中国网约车大致经历了三个比较明显的发展阶段：2013 年以前是网约车的探索发展期，以线下汽车租赁企业借助互联网发展为代表；2013 年到 2015 年年中是网约车的快速扩张期，网约车出行服务品类不断完善，用户量剧增，市场反响强烈；2015 年下半年开始，网约车迎来调整规范期，中央和地方政策先后出台，网约车行业进入门槛提高，平台承担了更多的规范职责。

1. 探索发展期

早在 2006 年前后，汽车租赁企业就率先尝试与互联网结合发展。一嗨租车、神州租车等汽车租赁公司在发展线下服务网点的同时，将车辆信息发布、用户预

---

① 部分观点认为，最早的网约车萌芽产生于中国的易到用车，本书将易到早期服务视为传统租赁业务的线上化。

② 资料来源：http://www.tech.qq.com/original/sw/i23.html。

订、流程审核等业务流程进行数字化改造。此阶段还没有产生真正意义上的平台企业，但是已经为平台化发展奠定了基础。2010 年，易到用车运营主体北京东方车云信息技术有限公司成立。易到是第一家以互联网信息公司身份组织出行服务资源的企业，专注于商务出行，车辆主要来源于线下的汽车租赁公司。易到将自己定位为平台，为用户、车辆租赁方、驾驶员提供综合服务。到 2012 年 8 月，易到已经整合了近 5000 辆汽车。

2012 年 8 月，滴滴出行①的打车软件上线。该类手机 App 首先聚焦于传统出租车的叫车业务，乘客可以通过 App 快捷方便地呼叫出租车，司机也可以通过 App 便捷地接订单，通过减少空载率增加收入。打车软件的出现优化了传统出租车出行服务，对于解决打车难问题有一定帮助，但是没有根本改善。经过艰难的地推阶段之后，打车软件获得了首批稳定用户，并获得市场认可，使用人数大幅度增加，成为舆论争相报道的新鲜事物，也成为创投和资本市场认可的优秀标的。打车软件是典型的中介化平台，仅提供信息服务，撮合出租车供需，具有明显的轻资产运营特征。

2. 快速扩张期

2013 年被称为移动互联网元年，技术上移动通信基站密集成网，WLAN 网络技术成熟，LBS 技术商用化发展成熟，智能手机成本不断下移，为移动互联网技术的发展创造了良好的基础。商业实践层面，手机购物、手机支付等发展成熟，O2O 平台站到互联网风口，大量线上线下平台大量涌现。

在平台企业的推动下，出行市场各个细分领域创新产品不断涌现。专车的出现标志着，网约车 App 不仅仅是出租车行业的辅助工具，更成为其不可忽视的竞争者。2014 年 7 月，快的打车宣布推出定位于中高端用户的新业务品牌"一号专车"。滴滴也在 2014 年 8 月推出专车，面向中高端商务专车群体。专车对车辆价值有较高的要求，司机也需经过标准化的商务礼仪培训才能上岗。在专车获得市场普遍好评的同时，滴滴继续完善其产品线，仅在 2015 年就有直达班车、快车、顺风车、巴士、代驾、包车等业务先后上线，为不同出行偏好者提供了丰富的备选产品，基本覆盖了居民日常出行的全领域。

---

① 如无特殊说明，本书所指的滴滴出行包括更名之前的滴滴打车、嘀嘀打车，以及合并之前的快的打车。

在该阶段，网约车平台之间的竞争更加激烈，滴滴和快的为获得市场领先地位，展开补贴大战，市场也快速铺开。资本的参与为补贴大战提供了支撑，两家企业均获得数以亿计的融资。补贴大战后，网约车市场的快速开发阶段基本完成，资本力量促成了滴滴与快的合并，两者占据了网约车行业80%以上的市场份额，取得了强大的市场垄断地位。

在政策层面，多数地方政府通过非正式的约谈、座谈等形式，传递了对网约车从严管理的态度；上海、杭州等少数地方政府着手进行规范管理工作。交通运输部也倾向于从严管理网约车，但是出于对政策不确定性的担忧，并没有仓促出台网约车新政，经历了较长的观望期和研究期。

2015年，网约车市场总用户约为2.94亿人，滴滴年订单总量达到14.3亿单，是美国2015年所有出租车订单量的近两倍，超越了Uber成立6年以来的累计订单数[①]。

3. 调整规范期

随着出行服务平台的快速发展，网约车产品线的不断丰富，尤其是快车、快车拼车等的推出，与传统出租车相比，其在服务质量高的同时价格优势明显，从根本上触动了传统出租车行业的利益，新旧业态之间的冲突加剧。各地出租车司机罢工抗议等时有发生，成为影响社会稳定的重要隐患。

交通运输部加快了出租车行业改革和网约车管理办法的制定工作。2015年10月，交通运输部对外公布了《关于深化改革进一步推进出租汽车行业健康发展的指导意见（征求意见稿）》和《网络预约出租汽车经营服务管理暂行办法（征求意见稿）》。2016年7月27日，交通运输部、工业和信息化部、公安部、商务部、工商总局、质检总局、国家网信办7个部门联合颁布了《网络预约出租汽车经营服务管理暂行办法》（以下简称《暂行办法》）。中国也因此成为世界上首个在国家层面承认网约车合法地位的国家。此后，交通运输部又陆续发布了《网络预约出租汽车运营服务规范》《出租汽车驾驶员从业资格管理规定》《网络预约出租汽车监管信息交互平台运行管理办法》《出租汽车服务质量信誉考核办法》等，建立了从平台到司机、车辆的全面管理制度。

网约车新政赋予地方政府因地制宜制定实施细则的权力。2016年10月，北京、上海、广州、深圳等一线城市率先公布网约车实施细则征求意见稿，与交通

① 资料来源：http://www.sic.gov.cn/News/568/6272.htm。

运输部相对宽松的条件相比，地方细则中网约车车辆标准和司机要求大幅提高。此举引发社会公众的普遍不满，主要网约车平台纷纷表示地方细则过于严苛。在一线城市带动下，全国各大中城市纷纷制定了偏严格的实施细则，网约车行业发展受到重大冲击。不少法学专家对地方增设行政许可的合法性提出质疑，一些经济学家也就地方实施细则能否促进行业健康发展提出质疑。平台层面，网约车平台在国家政策出台后获得合法身份，迎来规范发展的黄金时期。但是紧接着地方细则的出台，使得网约车平台可使用的车辆和司机断崖式下跌。以 B2C 模式为主的重资产平台受地方细则的影响相对较小，而以 C2C 为主的轻资产平台面临巨大的考验。平台为获得长期发展的竞争优势，纷纷在内部管理上做文章，不断加强网约车司机管理，并完善消费者安全保护措施。

从监管层面来看，行业主管部门对网约车监管的思路也更加清晰，方式也更加多样化。根据全国网约车监管信息交互平台发布的数据，截至 2020 年 12 月 31 日，全国共有 214 家网约车平台公司取得网约车平台经营许可，发放网约车驾驶员证 289.1 万本、车辆运输证 112.0 万本。2020 年 12 月，全国网约车监管信息交互平台共收到订单信息 8.1 亿单①。中国已经成为全球最大的网约车出行市场。

（三）中国网约车平台发展的机遇与挑战

中国互联网经济创新发展有独特的经济社会环境，网约车平台能够顺应时代发展的潮流，抓住中国出行行业的症结所在，充分利用数字经济发展的便利条件，取得了比较显著的成绩。在中国网约车平台发展过程中，存在以下几点突出的外部优势：

第一，中国拥有规模庞大且潜力巨大的网络消费市场。截至 2020 年底，中国网民总数达到 9.89 亿人，超过全球总数的 1/5，互联网普及率达 70.4%。中国的互联网消费规模居全球首位。中国互联网发展后劲十足，与发达国家相比，互联网普及率还有 30% 左右的空间。此外，从互联网经济规模在整体 GDP 中的比例来看，中国高达 6.9%，居世界第二位。

第二，转型期的中国充足的劳动力供给是网约车快速发展的重要推动力。网约车的发展与中国经济步入"新常态"时期基本一致。传统制造业去产能释放

---

① 资料来源：http://www.chinanews.com/cj/2021/03 - 17/9434515.shtml。

了大量的劳动力，网约车平台大量吸纳了这部分低成本劳动力，克服了服务业发展的瓶颈资源约束。中国互联网营销推广善于与人海战术式的地面推广结合，扩展速度非常快，而物流、终端配送、人工客服等劳动力密集型的配套产业，充分享受了人口红利，可以保证互联网平台有稳定的、低成本的运行环境。

第三，中国具有完善的互联网应用创新体系。从创新领域来看，中国在互联网应用层面的创新显著领先于美国等国家，CBInsights 全球独角兽公司榜单显示，中国 90% 的上榜企业属于应用驱动创新；从大型互联网企业平台来看，以腾讯、阿里巴巴、百度为代表的互联网巨头为网约车发展提供了充足的流量、资本等资源；从互联网生态来看，中国具有最完善的网络支付和个人信用服务体系，拥有LBS 等大量免费的底层服务支撑，拥有密集的线下服务站点。

第四，中国开放的互联网创新监管为网约车提供了包容的发展环境。中国将"互联网＋"行动计划作为国家战略执行，对数字经济的发展极为重视。与欧美等主要发达国家相比，中国政府为互联网新生事物发展提供了比较长的观察期，政府主要通过约谈等非正式途径进行管理，在制定法律或行业管理政策之前，能够广泛征集社会各界的意见。法律和政策体制的不健全反而为创新提供了后发优势。

但是也应看到，网约车平台发展中面临的诸多挑战，既包括外部政策压力，也包括平台如何适应角色、如何平衡好供需诉求之间的差异、如何履行好经济匹配功能之外的社会治理功能。网约车平台发展中面临的主要挑战和瓶颈问题包括：

第一，网约车政策对平台经济性的影响。任何经济行动都必须建立在一定的管理和控制之下。网约车政策制定的初衷是维护消费者权益、规范行业竞争秩序。但是从现实发展来看，在不同的地域，行业主管部门目标不同、方式不同，实施的效果也不同。整体上看，绝大多数城市实施了偏严格的管理，对网约车平台的经济性质形成约束，而这也造成网约车合规性推进工作整体难度较大、执法顾虑较多等间接影响。

第二，网约车平台作为匹配组织，应该保持业务的中立性，但是随着市场规模的扩大，行业规范要求提高，网约车平台权力扩大，几乎所有网约车平台都介入定价，司乘双方通过平台议价的功能被压缩。多数平台收取佣金、管理费等的方式更加隐蔽化，在价格形成构成中的比例也没有显著下降。一部分兼营 B2C

和 C2C 业务的平台还存在派单机制不透明、不公平的问题。

第三，平台不仅承担了经济匹配的功能，也承担了保障消费者生命财产安全、维护信息安全和保护隐私等社会职能。由于网约车平台审查不力、安全制度不健全，已经发生多起乘客生命财产安全受到侵害的恶性事件，对网约车公信力造成了严重的负面影响。信息安全方面，2015 年 5 月，中国互联网漏洞曝光平台乌云网发布了 59 个关于打车软件的安全漏洞，涉及厂商多达 9 家①。2016 年，Uber 发生了严重的数据泄露事件，5700 万乘客的姓名、电子邮件和电话号码，以及约 60 万名美国司机的姓名和驾照号码泄露②。能不能建立全面可靠的安全管理制度，已经成为悬在网约车平台企业头上的一把利剑。

二、概念界定、提出问题与研究意义

（一）概念界定

概念界定是经济学从理性层面认识研究对象的重要过程。概念反映了事物特有属性的思维形态，特有属性是某类事物都具有但别的事物都不具有的。本书的核心研究对象是网约车平台，本书将其置于网约车生态的背景下，将网约车平台组织的服务要素（网约车车辆和网约车司机）、服务方式（产品形态）以及出行服务体系作为关联研究对象。界定"网约车"概念是界定"网约车平台"概念的基础和关键，而对"网约车"的界定建立在对出租车和传统小汽车经营服务的基础上。

"网约车"最早出现在 2015 年初，是"网络约租车"的简称。2016 年，《中国语言生活状况报告（2016）》公布的十大新词就包括"网约车"。日常语境中的网约车泛指"互联网＋交通"领域的小汽车预约出行服务。在行业管理层面，交通运输部等部门在出租车新旧业态管理改革的政策文件中，将"网约车"作

---

① 资料来源：http://www.199it.com/archives/357806.html。
② 资料来源：http://www.tech.163.com/17/1122/09/D3RATJBI00097U7R.html。

为"网络预约出租汽车"的简称。从 2015 年年初到 2016 年年中，两种概念并行。当前语境下的"网约车"概念混合了政府管理层面和市场实践层面两种来源（见图 1−2）。

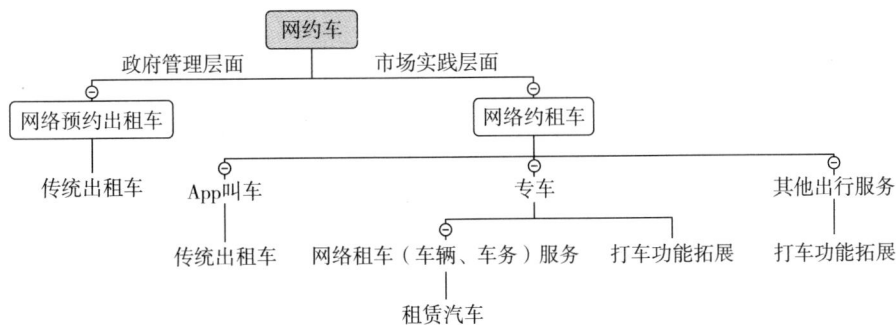

图 1−2 "网约车"概念的形成

从市场实践的角度看，"网约车"概念的形成有比较曲折的经历。易到是最早在中国践行将互联网技术与出行服务相结合的企业，早期使用"用车"一词，后续随着与线下车辆租赁公司合作的加深，使用"互联网租车"或"网络租车"概念，并将自己定义为"商务用车电子服务平台"。2012 年，以嘀嘀、快的等为代表的互联网出行服务平台企业通过手机 App 呼叫出租车切入市场，与易到不同，这些企业将自己的 App 定义为"打车软件"，即"（通过移动互联网终端）打（出租）车的 App"。2014 年 8 月，主要出行服务平台相继推出"专车"业务，提供商务出行解决方案。从 2014 年年中开始，媒体报道中多使用"网络约租车"概念，这个概念将"专车"和"App 打车"等概念统一到一起。在杭州、上海等地方政府的一些规范文件中，也使用了"网络约租车"的表述。媒体报道中，有的也使用"网约车"作为"网络约租车"的简称（见图 1−3）。

从行业管理的角度看，交通运输部等主管部门倾向于在传统出租车行业的基础上进行管理。2015 年 10 月，交通运输部对外公布了《网络预约出租汽车经营服务管理暂行办法（征求意见稿）》，文件中将"专车"归类为"互联网预约出租汽车"，这是官方文件中首次明确使用"网络预约出租汽车"概念。2016 年 7 月，交通运输部、工业和信息化部、公安部等 7 部门联合发布了

《网络预约出租汽车经营服务管理暂行办法》，至此"网约车"作为"网络预约出租汽车"的简称，在社会公众中形成共识。"网络约租车"和"约租车"概念基本退出日常语境。

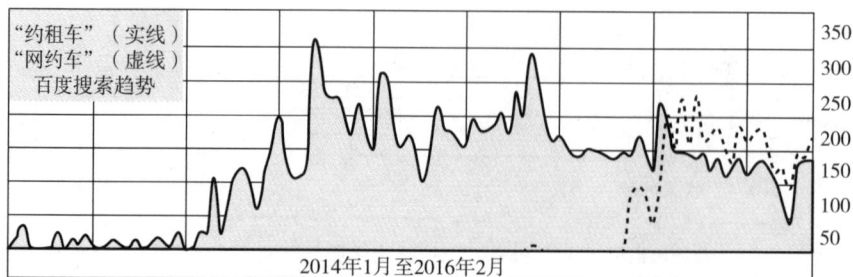

图 1-3 "约租车"与"网约车"百度搜索指数趋势

资料来源：百度指数，http://index.baidu.com。

但是因为"网约车"概念建立在"出租车"概念的基础上，在一定程度上限制了概念的普遍适用性，造成多种"互联网+出行"被排除在外。①出租车定义强调了"乘用车和驾驶劳务"的结合，而"互联网+出行"对两者关系的处理较为灵活。商业实践中已经出现了仅提供驾驶服务的代驾、仅提供车辆服务的租车和试驾等。②《关于深化改革进一步推进出租汽车行业健康发展的指导意见》（以下简称《指导意见》）并没有将小汽车合乘纳入出租车行业，而是要求地方根据情况另行制定政策。滴滴"快车拼车"类业务，兼具两方面要素，权责划分不清楚，容易发生纠纷。网约车平台提供的"顺风车"业务无法明确归入现有管理框架。③七座及以上大巴车、定制公交等，因为不符合出租车用车标准，被排除在网约车以外。然而实践中已经出现了定制公交、小巴等服务，其归属也有待统筹考虑。

本书所指的"网约车"，延续了"网络约租车"的基本内涵，是指出行领域借助互联网信息技术和商业模式发展起来的网络预约机动化出行服务。这一概念更宽泛，并覆盖了"网络预约出租汽车"的概念。以滴滴为例，其现有的出行服务包括：①出租车叫车服务：向传统出租车发送旅客的乘车需求。②专车：为出行者提供高档的汽车和司机车务服务，多数为平台自有车辆和专职司机。③快车；与专车类似，车辆档次较低，多为私家车兼职提供，快车亦提供多人合乘的拼车服务。④顺风车：为出行者寻找与其路径大致相同的行程，一般需要提前约定出行时间和目的地，同时也提供跨城搭车服务。⑤代驾：选派司机到乘客指定地点提供驾车服务。⑥巴士：为特定时间特定地点大批量出行者提供巴士服务，包括城市定制公交和多人、团体包车服务。

"网约车"对应的英文用词也非常混乱。从 2016 年到 2018 年 SSCI、CSSCI来源刊物发表的相关论文看，摘要中使用的表述有十多种，包括："E - hailing""transportation network vehicle""internet private hire vehicles""online booking vehi-cle""internet chauffeured car""network car""app - based ride and taxi service""car - hailing""internet car - hailing servic""online ride - hailing""online car - hailing services""internet private hire vehicles""order - online car""network hiring car"等。本书将"网约车"与英文中的"E - hailing"对应起来。一方面，"E - hailing"在英文新闻资讯、研究类出版物中使用的频次比较高；另一方面，"E - hailing"较为宽泛的内涵也与本书的概念界定一致。这一概念强调了互联网信息技术的突出作用，同时"hailing"逐渐脱离口语意义，内涵随着网约车的发展而丰富起来，具有较强的包容性，容易被不同群体接受。

本书所指的"网约车服务"与《网络预约出租汽车经营服务管理暂行办法》和《网络预约出租汽车运营服务规范》对"网约车经营服务"的定义（见表 1 - 2）基本一致。该定义包含以下几个要素：①强调了网约车是小汽车经营服务的一种特殊业态，并与巡游出租车揽客、候客方式形成区别；②强调了网约车平台的信息服务功能及其发挥的撮合交易功能；③要求网约车车辆和驾驶员必须符合一定的条件；④强调了网约车的"预约"功能。

表 1 - 2　政策文件中网约车相关概念辨析

文件或标准名称	概念	定义
《出租汽车运营服务规范》（GB/T 22485 - 2013）	出租汽车运营服务	以小型营运客车和驾驶劳务为乘客提供出行服务，并按乘客意愿行驶，根据行驶里程或者行驶时间计费的运输经营活动
《网络预约出租汽车运营服务规范》（JT/T 1068 - 2016）	出租汽车运营服务	以七座及以下乘用车和驾驶劳务为乘客提供出行服务，并按乘客意愿行驶，根据行驶里程、行驶时间或约定计费的运输经营活动

文件或标准名称	概念	定义
《网络预约出租汽车运营服务规范》（JT/T 1068－2016）	网络预约出租汽车运营服务	企业以互联网技术为依托构建服务平台，并通过网络服务平台接受约车人预约请求，使用符合条件的车辆和驾驶员，提供不在道路上巡游揽客、站点候客的出租汽车运营服务
《网络预约出租汽车经营服务管理暂行办法》（交通运输部、工业和信息化部、公安部、商务部、工商总局、质检总局、国家网信办令2016年第60号）	网络预约出租汽车经营者（网约车平台公司）	构建网络服务平台，从事网约车经营服务的企业法人
《网络预约出租汽车经营服务管理暂行办法》	网络预约出租汽车经营服务	以互联网技术为依托构建服务平台，整合供需信息，使用符合条件的车辆和驾驶员，提供非巡游的预约出租汽车服务的经营活动

　　"网约车平台"是提供网约车供需匹配的平台。狭义上的网约车平台是指"网约车经营者"或"网约车平台公司"，广义上的网约车平台则是一个系统性的概念，它以平台公司为核心，包括车辆、驾驶员和消费者在内的出行系统。以滴滴出行为例，广义上的"网约车平台"指的是通过滴滴出行 App 搭建的包含需求者、供给者在内的服务匹配市场；狭义概念则等同于滴滴出行的实际运营公司"北京小桔科技有限公司"。

　　英文语境中，"网约车平台（公司）"一般对应"transportation network company"或"mobility service provider"，即"交通网络公司"或"机动化（出行）服务提供者"。加利福尼亚州公用事业委员会出于监管的目的，将网约车公司定义为"使用在线平台连接乘客和个人非商业车辆的公司"（a company that uses an online－enabled platform to connect passengers with drivers using their personal, non－commercial vehicles）。弗吉尼亚州则将其定义为"通过数字平台提供预约服务，将乘客与使用私家车辆的司机连接起来"（provides prearranged rides for compensation using a digital platform that connects passengers with drivers using a personal vehicle）。总体来看，国外法律政策中"网约车平台"概念与"网约车公司"概念基本等同。

　　本书所指的"网约车平台"是以互联网技术为依托，整合供需信息，提供符合条件的车辆或驾驶员服务，满足机动化预约出行服务的经营性平台。与"网络预约出租汽车经营服务"相同的是保留了互联网平台、整合供需信息、预约服务的特征，不同之处是：①将"车辆""司机"服务作为必要条件，而非充分条件；②将交通工具的范围扩大到机动出行领域，取消了对车型的限制，将已经出现的小巴车、定制公交等纳入研究范畴；③对基于互联网信息技术的共乘、拼车等出行行为纳入考虑范畴。

中国市场上的网约车平台包括滴滴出行、易到用车等原生的互联网出行服务平台也呈现出多样化特征：神州租车以车辆租赁为主业，依托自有车辆的优势切入在线租赁和专车领域；以服务政府、企事业单位和大型活动见长的首汽租车，发展了互联网租车和高端用车服务；传统汽车制造商吉利通过战略投资培育了新能源汽车出行平台曹操专车；以携程、美团为代表的互联网平台也新增了网约车业务；上海最大的强生出租车公司，也获得了网约车经营资质。

（二）提出问题

从研究设计来看，只有发掘经济现象背后的问题，并使用经济学研究的范式来深入探讨问题，将聚焦点落实到要素层面，才能形成好的经济学问题。只有以问题为导向形成具有较强解释能力的经济学分析框架，才能在理论和实践两方面做出边际学术贡献。本书在论述中从现象到理论，逐步形成三个层层递进的现象和问题，并最终将其落实到要素层面的经济学问题。

经济现象。中国网约车市场的发展取得了明显的成就。与传统出行行业相比，网约车实现了颠覆式创新；与国外网约车发展相比，中国网约车发展更加稳健，出行服务体系更加完善，主体间关系更加清晰，政策与商业实践的发展也以良性互动为主。

经济学现象。网约车市场中的要素，包括车辆和司机、信息技术手段和应用开发能力等在网约车出现之前都是存在的。网约车市场之所以能够快速发展，是因为网约车平台组织协调了不同要素和资源，并形成新的差异化产品，弥补了传统出行市场的不足，激发了出行者潜在的需求，从而实现了供需的匹配，引导了一个新市场从无到有、从弱到强的发展过程。

经济学问题。供需分析是微观经济学的核心框架，价格机制是经济学的理论内核。价格可以反映供需关系，引导资源配置。但是在出行领域，公共交通和私人交通间的准公共交通需求大，而以传统出租车为主的供给力量有限。一方面，需求得不到满足；另一方面，大量可用资源被拒之门外，加之出租车行业管制，整个出行市场供需扭曲，价格机制没有发挥应有的作用。沿用供需—价格的均衡分析范式已经不能很好地解释新现象。究其原因，是因为传统的经济学分析框架关注的是一般性问题，在单一品类市场中供给者和需求者都是同质的，产品和服务的特定性被抹杀，价格机制在数量调节上起作用，在特征匹配上发挥的作用有限。因此，要解释网约车平台如何调动市场资源以实现供需匹配，必须应用还原论的思想，从个体所处的特定时空出发，重视供需场景的时空特征，思考平台在个体特征匹配中如何发挥作用。

因此，经济学问题可以凝练为：网约车平台如何才能实现特定时空中差异化的个体需求与分布式组织供给间的匹配？

这一经济学问题的研究价值体现在：现象解释层面，回答了网约车平台促进网约车行业发展的微观作用机制。理论解释层面，对网约车平台的经济性研究中：①增加了特定时空的视角，更加注重个体组织的经济性分析；②注重供需关系互动中的时空特征匹配；③该问题也可以拓展到更具一般性的互联网平台商业模式的经济分析中。

（三）研究意义

本书的直接研究意义在于，可以加深对互联网出行服务行业的认识，为网约车平台持续发展提供启示，为平台型产业制定规范性政策提供借鉴。更重要的是，本书期望通过网约车平台的研究，以小见大形成平台经济研究的基本范式，进一步对市场运行机制尤其是非价格匹配的机制形成初步认识，从而丰富传统经济学的时空视角，为知识经济和数字经济时代新经济的发展提供研究支撑。

美国科学史研究专家彼得·伽里森（Peter Calison）曾将科学研究分为三类，即理论的、实验的和工具的，并认为科学发现的过程是由新工具驱动的，提供了科学发展的新图景。就经济学的发展来看：工具的成为研究的主流，经济学研究的工具不断丰富，尤其以数学工具的发展为甚；实验的得到快速的发展；理论的创新相对比较贫乏，马歇尔之后经济学理论的重大创新缺失。

在时代变革的环境下，经济学被誉为社会科学桂冠上最璀璨的一颗明珠，却处于相对滞后的发展局面。最早对未来社会的经济形势作出前瞻性判读的是"未来学家"，例如，约翰·奈斯比特（John Naisbitt）在《大趋势—改变我们生活的十个新趋向》中对未来企业家竞争和个人领导才能的描述、阿尔文·托夫勒（Alvin Toffler）在《未来的冲击》中提出的大规模定制生产等，在互联网时代全面到来之前，这些作品就显示出对整体市场一般性规律之外差异社会的关注，这些模糊的描述启发意义巨大。商业实践同步的研究来自管理学，其中典型的是对新兴业态商业模式的研究。在商业业态的研究上，很多管理学家认识到，现在的商业模式中有很多是以往理论所不能解释的。例如，大量的互联网平台并不像以往的实体企业组织一般具有明显的与主业相关的利润来源，甚至弄清楚谁在为平台的发展付费都是一件费解的事情。管理学研究的直接目的是提供一套可用的管理方法和规则，为此管理学家建立了一系列的新商业模式框架为新经济出谋划策。社会学在"市场是什么"这一经济学的核心问题上，也有清晰的洞见。马克斯·韦伯（Max Weber）指出，市场是"有关各方在彼此让渡商品或其他利益的过程中，出于相互补偿的立场的一种利益妥协"。卡尔·波拉尼（Karl Polanyi）在《作为建制过程的经济》中对现存的组织经济的不同机制进行了讨论，他认为，把市场看作是只能通过市场交换组织起来的看法是错误的，把贸易等同于市场、把货币等同于交换的看法也是错误的。他给市场增加了许多功能因素，比如"物理位置、财物的赠送、风俗以及法律等"。乌尔里希·贝克（Ulrich Beck）认为，在现实中，市场并不是同质性的，而是以各种方式被社会性地结构化。对这种结构的分析后来发展成为"作为网络的市场中层理论"的研究。

经济学的使命偏重于提出合理的解释，并寻找现象背后的经济规律。但是从经济学近年来的发展来看，并没有太多的经济学家将主要精力集中在此。从经济学数学化之后，经济学看起来变成了一门精确的、可以度量、计算，并具有预测任务的学科。这种转向，使经济学看起来更像是一门可以被自然科学家认同的"科学"，思想上的探索让位于对数量关系的疯狂追求。在这样的经济学的研究方法论下，社会真实的客观实在被不断简化，进入经济学家视野中的要素是高度概括的少数指标，而包含更多丰富信息的数据都被"假设"抛在脑后。吉恩·卡拉汉（Gene Callahan）在 *Economics for Real People* 中曾经对新古典经济学派的理论和现实的脱节做过如下描述："教科书中的任务似乎在机械地、刻板地按照一系列参数，最大化他们的效用等式，这些等式自发地导致供给与需求交汇于一个均衡价格——需求量等于供给量时的价格。在这一系列等式系统中，人的位置在哪里呢？要将这些数学等式与我们所处的世界联系起来似乎有些困难。"

240多年前《国富论》使经济学成为一门规范的"学科"，而当前的时代已经发生了翻天覆地的变化。其中有两个趋势值得深入探究：①经济社会发展的整体驱动力已经由生产系统向着消费系统过渡，如何面向消费者组织经济活动成为最关键的问题；②经济组织的最小细胞——个体，掌握的知识和信息更加丰富，在决策系统中发挥的作用越来越突出，传统层级制的、边界清晰的社会组织系统受到越来越多的冲击。商业实践和经济学理论受到挑战的一个重要原因就是互联网信息技术革命催生的新经济发展方式。传统的物信结构已经出现颠覆性的变革，不仅经济组织的特征发生明显变化，就连对商品本身功用的认知也与旧时代截然不同，而追本溯源到经济人的主观偏好、经济要素的价值再认识等都应有对应的改变。

经济时空是一个庞大而复杂的系统概念，经济时空具有不平衡性、相互制约性和演化性。不同的经济主体之间具有不同的经济关系，不同经济关系的维系有不同的成本收益结构，也有不同的约束规则。经济研究的过程就是将越来越多的特殊性问题纳入到简单内洽的一般性分析中。传统经济学的研究方法摒弃了特殊性问题而片面地追求现有框架的精确数量关系，这种研究范式已经和今天的时代环境有越来越多的冲突。平台经济在进入21世纪之后，显现出强大的生命力，势头强劲，发展迅猛。平台经济代表了一种未来的经济时空关系，经济的发展将脱离大规模批量化、资源耗竭发展的"压缩时空"特征，逐步向着分散化、差异化、个性化的"协调时空"方向发展。从时空角度出发梳理经济学研究体系，重塑更加贴近真实世界的经济解释框架非常有必要。时空问题一般具有比较强的概括性，具有符号化的特征。如何将时间—空间分析纳入到经济学的一般分析中与主流经济学相契合，是经济学研究面临的重要问题之一。

从宏观经济发展的角度来看，过去30年间，中国经济发展的状态是典型的压缩时空。中国经济实现跨越式的发展，短时间内建成了完善的工业体系，在国际竞争中取得了量的优势。支撑这种发展模式的是中国丰厚的人口红利、相对丰富的能源和矿产资源以及政府主导的基础设施投资。政府在经济社会发展中起到了非常关键的作用，中国特色的社会主义市场经济，将自由竞争带来的要素效率提升和政府管理维护的基本竞争秩序结合起来。随着知识经济和数字经济时代的快速推进，全球经济竞争格局出现新的变化。过去的压缩式时空经济逐渐退出历史舞台。一方面，服务经济的兴起，带动产业价值重心的转向，消费升级成为重要的内涵式发展路径；另一方面，技术迭代创新带来产业业态的持续快速演进，微观层面的经营活动更加复杂。未来经济社会中更具活力的市场机制应该是什么样的，值得深入考虑。

三、主要研究方法

本书的科学哲学基础是多元的，因此研究方法也具有多样性。本书重视辩证思维中一般性与特殊性分析，并将其在经济学理论中的体现归结为一般时空与特定时空。本书重视系统论与还原论的结合，将出行服务体系和网约车平台作为母子系统，从系统角度出发考虑供需和产品特征；本书通过还原论思维对个体行为的具体场景进行分析，将集体分析建立在个人异质性分析的基础上。具体的研究方法层面，本书主要使用了案例研究法与对比研究法，并在部分理论推演和现象解释中使用了定量研究法等。

（一）解释性研究

经济学作为一门社会科学，实证研究的特征是解释性的还是预测性的？这个问题在 20 世纪 50 年代以后，成为经济学研究方法论争论的主要焦点之一。

弗里德曼认为，作为实证的经济学是暂时被接受的关于经济现象的概括体系，检验经济理论科学性的唯一标准是其能否预测（从广义上讲，预测的对象包括未来的、已经发生但尚未被发现的、已经被发现但是理论提出者没有觉察到的），只有实际证据才能证明经济理论能否不被拒绝。弗里德曼的经济哲学建立在波普尔证伪主义的基础上，具有浓重的工具主义色彩。但是弗里德曼认为理论的假设前提是否成立并不重要，这遭到了多数经济学家的强烈批评，其中以萨缪尔森为主要代表。萨缪尔森赞同证伪主义，但是强调经济学理论是对现实的描述和解释，假设、理论和结论都应与经验现实相符。观察要建立在大量统计资料的基础上，分析则是使用演绎法或归纳法进行逻辑推理，最后检验理论是否有助于说明分析观察到的现象。从本书的定位来看，我们倾向于解释性的经济学研究视角。

本书研究的问题来源于现实生活，是"互联网＋"时代交通出行领域商业模式发展的新动向。对新事物的认识，本身就是一个有意义的研究内容。事实的确认，对于建立理论分析框架显得尤为重要。本书引入了时空经济的视角，重视个体分析和市场竞争的过程，都是为了最大限度地回归现实。在具体的研究过程中，本书采取了归纳和演绎推理并重的分析逻辑，重点对获得成功的网约车服务进行描述性研究，使用经济学的分析手段建立一套解释框架以说明网约车平台经济性的来源，得到可复制和推广的理论，并将其应用到一般性平台中加以验证，最后得到一些在限定范围内具有较强解释能力的结论。

（二）案例研究法

本书符合案例研究法的适用条件：从方法适应性上看，本书问题的类型主要是"为什么"，即回答为什么互联网出行服务平台在城市出行服务体系中发挥了重要、积极的作用。在行事控制方面，本书无法对研究主体及其所处的外部环境进行外在控制，视角倾向于解释。在时效聚焦方面，本书聚焦于当下的、流行的"互联网＋交通"方式。

本案例研究的目的是，对网约车出行服务现象进行全景式的完整描述，并在此基础上探究因果逻辑关系，挖掘网约车平台驱动出行服务行业发展的经济原因，建立"描述性"基础上的"解释性"框架。本书采用"主副案例"相结合的方式。选取全球最大、发展最为成功的"滴滴出行"作为互联网出行服务平台主案例，进行全面的剖析。案例研究的内容包括：①滴滴出行的整体发展历史和发展趋势，以及其中平台定位发生的变化情况；②滴滴平台与平台系统中司机、车辆、乘客之间的匹配关系是如何建立并维护的；③滴滴产品线不断丰富的过程，创新、试错在扩展匹配领域中发挥的作用；④政商关系视角下滴滴出行平台的发展机遇及其面临的挑战。在主案例之外，本书选取 Uber 作为国外对比案例，选取神州租车等作为重资产网约车平台对比案例。平台经济涉及大量的可研究对象，研究对象相互间的差异性也比较大，在部分理论推演过程中，本书还分析了一些小案例以解释验证方式或提供逻辑支撑。

（三）对比研究法

对比研究法的范畴较广，一般来讲要求对比对象在内容上具有共性，环境和条件上存在的差异易于界定，基于对比得出的结论应建立在因果律分析的基础上。比较研究法与定量分析相比，优势在于能够应用于变量数量多而观测次数少的研究对象中，在处理多重关系交互影响的复杂背景中，具有研究优势。基于比较分析法的经济学研究，可以对因果关系进行排除或者替代性的解释，在处理新问题时能够自如地建立解释框架，从而形成具有说服力的经济理论或假设。

本书在具体研究内容方面较多地使用了对比研究法：一是主要将传统城市出行服务体系、巡游出租车行业，与完整出行服务基础上的理想出行服务体系和网约车出行服务平台进行比较研究；二是主要从两者的资源特征、产品特征、主体特征、匹配方式和契约规则等方面进行对比研究。本书在对比研究过程中的解释框架方面，分别使用主流的供需均衡范式与新流派经济学范式的研究原则，从而突出本书所使用的重视特定时空经济分析的解释能力。

在使用对比研究法时，本书摒弃了先确定对比标的，再挖掘标的之间差异性，从中选取合适的研究角度和研究内容的传统步骤，避免造成为了形成合理解释而拼凑理论的弊端。本书在使用对比研究方法时，首先确定了一个中心议题，即"互联网＋"背景下，巡游出租车和网约出租车组织运营模式不同，背后所隐藏的经济学问题是什么？然后在此基础上使用时空经济分析的基本方法，反向研究两者之间的差异性，并广泛收集资料，对资料进行挖掘之后，通过事实验证增强对比研究方法的解释能力。

四、技术路线图与内容安排

本书中的研究基本按照"发现问题"—"分析问题"—"解释问题"—"解决问题"的思路铺展。其中，"发现问题"部分主要在网约车发展的现实基础上，确定研究对象，发掘现象背后的经济学问题。"分析问题"部分则是根据逻辑判断确定经济学命题，并分析经济学命题中要素间的关系，在既有供需—价格框架的基础上形成特定时空视角下平台匹配特定供需的分析框架。"解释问题"部分将理论框架与现实问题相结合，放大背景对出行服务体系进行研究以确定网约车的功能定位，解释网约车实现特定需求响应、通过汰劣机制调动供给的功能，并对网约车平台塑造匹配市场的性质进行研究，将其拓展到一般平台经济领域。"解决问题"部分主要关注现有网约车发展政策对网约车平台经济性的约束问题，并在实证研究的基础上，提出针对性的政策建议。本书的研究技术路线图如图1-4所示。

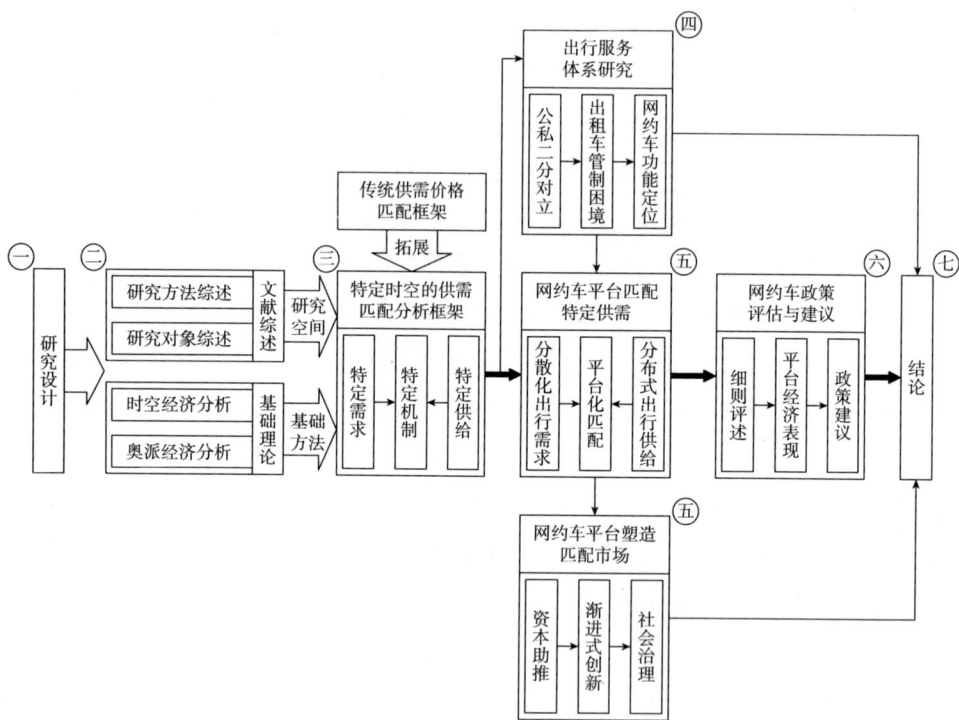

图1-4　研究技术路线图

本书中的研究内容主要围绕以下几个部分展开：

第一部分交代了整体的研究设计，包括研究背景、研究对象及概念界定、提出问题、研究意义、研究方法及研究技术路线图等。

第二部分介绍了研究的基础理论，主要包括时空经济视角和奥地利经济学派的部分经济思想。文献综述部分对研究方法和研究对象分别进行了综述，前者主要包括网络经济、双边市场和平台商业模式的研究等，后者主要包括网约车发展历程、服务功能、管理政策等方面的研究。

第三部分建立了本书的核心解释框架。该框架以传统经济学中的供需分析为基础，特别引入了特定时空视角，分别从主观个体需求、灵活差异化供给以及多样性产品三个层次探讨了特定供需的匹配。

第四部分使用上述分析框架对出行服务体系进行重新审视，主要讨论了城市交通供给中的公私二分对立思维及其造成的出租车管理困境，引出网约车作为准公共交通重要组成部分的功能定位。

第五部分从网约车平台的角度出发讨论其发挥的特征匹配功能。这部分主要讨论了网约车平台引导个体需求响应、通过汰劣机制调动差异化灵活供给主体，以及平台匹配机制的独特性，并在此基础上从更加宏观的层面观察网约车平台的市场塑造能力，即其组织市场和维护市场的功能，在经济性讨论的基础上增加了对网约车平台社会治理功能的研究。

第六部分对网约车政策进行评价。这部分主要讨论了中央和地方政策对网约车发展的影响，尤其是对平台匹配功能的限制，对地方实施细则进行量化分析以评估其政策适应性，并在此基础上提出相应的政策建议。

第七部分为研究结语。这部分主要介绍了本书的研究结论、主要创新点、进一步研究的空间等。

第二章
基础理论与文献综述

一、理论基础

传统经济学在解释平台经济方面的能力偏弱，主要原因在于其一般化的倾向，与现实世界的真实经济情况发生脱节。本书使用的基础分析方法是引入时空视角的新自由主义经济学分析方法，主要体现在奥地利经济学派的经济思想中。时空经济分析补齐了传统经济学缺失的时间——空间视角，尤其重视特定行业和市场的具体时空特性，而奥地利经济学派非常重视主观个体主义分析方法，并将市场作为一种经济过程。时空视角和奥地利经济学派的共同基础是对"真实世界"的关注，这两种理论相结合，能够最大限度地还原真实世界，具有比较强的解释能力。

（一）时空经济理论

时间和空间是一切经济活动赖以存在和发展的基础维度，是分开知觉事物的模式，时空本身也是一种经济资源。时间和空间是经济学必须考虑的问题，但是由于时空的抽象性，考虑时间因素的经济分析面临非常大的复杂性。以往经济学家在时空经济上的专门研究比较少，没有系统、规范的研究范式。

经济学对时空问题的关注可以追溯到经院经济学时代，在宗教作为社会公权力的欧洲，贸易的公平性、利息是否是罪恶等都是棘手的问题，在这样的背景下，一部分经院学者用超出时代的思维做出了卓越的解释。15 世纪早期的意大利传教士 Bernardino 将公平价格定义为"在特定时刻，按照市场的评价决定的价格，即在特定时间和地点用于出售的商品一般值多少"，这种思想经安东尼诺的传承成为后来主观效用论的创立基础。这种接近真实世界的、有时间—空间的思维方法在大量经院派经济学者的著述中都能找得到，如托马斯·阿奎纳（Thomas Aquinas，意大利人，1225～1274 年）、皮埃尔·德让·奥利维（Pierre de Jean Oli-vi，法国人，1248～1298 年）、胡果·格劳秀斯（Hugo Grotius，荷兰人，1583～1645 年）等。

经济研究在 18 世纪后期出现了第一次转向，亚当·斯密所发表的《国民财富的性质和原因的研究》（即《国富论》）标志着经济学由散落在宗教学、哲学等不同学科中的零碎知识，发展成为一门独立的学科。对于经济学一般规律的追求由此拉开序幕，在这个过程中，时间和空间的简化不可避免地发生了，具有符号和象征意义的"市场"开始成为人们研究的重点，而重商主义、早期的货币数量论等，开启了经济学由逻辑思辨向数量实证转变的大门。

经亚当·斯密、大卫·李嘉图发展，到马克思成型的劳动价值理论对劳动时间具有比较多的研究，劳动价值论认为商品中凝集了劳动者的劳动时间，一件商品的价值应该由全社会必要劳动时间决定，马克思甚至提出"一切经济最后都归结为时间经济"。这种劳动价值论属于典型的忽略特殊时空的一般经济时空规律，有失偏颇，因此在理论上受到众多攻讦。新古典经济学以"边际革命"替代"劳动价值论"为发端，将经济分析的重点由劳动转向需求，强调市场在资源配置中的基础作用。新古典学派的集大成者马歇尔建立了以均衡价格论为核心的完整的经济学体系，但是马歇尔本身也承认时间问题是众多重大苦难的根源。新古典经济学中有很多重视具体时空的思维，例如，洛桑学派的一般均衡分析中就考虑了经济主体依据价格信号进行的市场调整，边际革命更是考虑了物品的最终效用（不是当前时间的当前物品，而是最终时间的最终物品），更多和时空相关联的问题可见于"长期"和"短期"的划分、贸易问题（商品的空间流动）等。这些研究中的时空维度是均匀不变的，因此在考虑特定时空经济分析时，有启发意义，但是不能很好地深入其中。

近半个世纪以来，越来越多的经济学研究者对于新古典经济学范式与实际生活相脱离的问题提出了质疑和批判，一大批新的"非主流经济学"产生，其中与时空问题有关系的包括但不限于：新兴的贸易理论，如克鲁格曼的新经济地理学；贝克尔将时间引入到经济人偏好分析中，拓宽了经济学研究的领域；杨小凯的新兴古典经济学将时间—知识关系作为专业化理论的底层基础；等等。整体上看，交通、贸易类的经济研究对时间和空间比较关注，这些领域的开创性探索研究对建立时空经济学的分析基础非常重要。

中国方面，荣朝和从时空特征特别明显的交通运输行业入手，最早系统性地探讨了时空经济问题。荣朝和（2011）在《交通—物流时间价值及其在经济时空分析中的作用》一文中首先阐述了引入时间维度的经济分析的重要性。他提出：应从避免损失的角度和非匀质的角度考虑时间价值；要重视完整时空链条中的时间—距离关系；经济组织和个人在进行经济选择的时候应该将时间、资金以及其他的经济资源放在同等甚至更重要的位置进行考虑；企业的基本功能就是满足一定的时空关系要求。荣朝和进一步阐述了时空经济观念：在时间价值的认识上，补充了对于时序世界和时变世界的认识；提出了完整的可达性概念，以及主体和通信条件对可达性的影响；在经济行为的分析上，提出要重视日程安排对人们行为的约束和塑造，将时空转化能力作为行为主体改变时空距离和实现既定目标的重要衡量标准；在方法论上，强调了经济分析和社会现实相结合的"经济人"，将"趋利避害"作为经济主体的核心本能；建立了时空尺度概念，并将其应用到经济人与社会人的统一分析中，以及对市场有效性的评价中。

近年来，重视时空经济视角的研究，在城市出行领域取得了非常大的进展。白同舟等（2018）基于完整出行链条对城市交通枢纽的发展进行了研究，认为城市枢纽存在换乘效率低、与城市功能不协调等问题，为公共交通满足个性化出行的研究提供了借鉴。张元浩和荣朝和（2015）从大都市区角度出发，认为应该建设通勤性质的轨道交通，支撑大都市区的健康发展。盛来芳（2012）从时空转换效率角度分析了城市与轨道交通的耦合方式，认为可靠性是交通需求的主要偏好，倡导从出行者角度出发进行城市与轨道的联动开发。时空经济分析在新商业模式的研究中也发挥了重要的作用。李德生（2017）认为，支付信用的时空尺度在不断扩大，以微信支付为例，其社交空间连接性和支付时效性得到大幅改善。陈亚琦（2016）对电子商务平台进行了研究，认为电子商务平台的经济时空内涵突破了物理时空约束，时空契合程度的改变提高了消费者的时间价值和效用水平，产生网络时间价值溢出效应。该研究将电子商务平台物理—信息关系的重塑上升到经济效用层面，并将其作为商业模式创新的时空动因，这对本书研究出行服务平台有很大的启发意义。

与自然资源、人力资源、金融资本等一样，时间和空间都是经济系统中不可或缺的资源，从一定程度上讲是最为重要的资源。基顿认为，时间不能被生产，它是非物质的，不能被获得或者储存，也不能单独作为交换的物品。周德群（1999）提出了"泛资源"的概念，并将其定义为"对人类有用或有价值的所有组分的集合"，其中就包括了时间资源和空间资源。时空本身不具有稀缺性，从宇宙诞生产生时间和空间，到不可预见的未来，时空会持续存在。但是从人类活动的角度来看，时间却具有绝对的稀缺性。首先，时间是客观存在的，是不以人的意志为转移的。没有任何直接储存或者剪裁时间的办法。其次，时间的流逝是无法阻止和逆转的，正如古希腊哲学家赫拉克利特所说"人不能两次踏进同一条河流"。经济主体面临的每一个决策时刻都是独特的，每一个行为也是独一无二的，后续的影响也完全不相同。自然条件的禀赋先天分布就非常不均衡，国家和地区之间存在的地缘关系表现多样。人类活动形成的经济社会资源则与该区域的历史累积状况和所处的发展阶段有很大的关系。例如，老牌资本主义国家通过掌握金融资源引导全球资源分配，伦敦、纽约等传统国际金融城市是证券、大宗商品、金融衍生品等资源的集聚高地。贸易理论、产业集聚、运输经济、资源诅咒等关注空间维度的经济理论，都是非常重要的经济学研究分支。

综合来看，早期的经济学关注现实问题但是缺乏系统的研究方法和研究工具；而工具主义的经济学借鉴自然科学的范式，从一般性入手研究理想中的经济系统。两者均有重要的意义，同时也存在明显的缺陷。将时空因素引入经济分析体系，将时空关系作为经济分析的重要基础，考虑社会实际中的经济人，无论从现实上还是从理论上都是非常有必要的。已有的研究已经提供了很多有益的借鉴，但是在若干细节上还需要进一步深入挖掘其中的基本性质，在整体上还需要建立更加体系化的、逻辑内洽的基础解释框架。

从网约车平台的研究来看，时空经济思想和理论具有比较好的针对性：①交通运输行业本身就是处理物理实体（包括货物和人）跨时间—空间位移的特定行业，只有重视时空维度才能更好地发掘行业的经济性质；②互联网的发展，在实体的物理场域之外建立了一个映射的虚拟信息空间，实际上极大地突破了跨时空的信息交流成本约束。从这两个层面看，引入时空经济视角对网约车平台进行研究具有很好的契合性。

（二）奥地利经济学派理论

自由主义经济学擅长从经济现象中发现、分析问题，并形成解释力更强的经济理论。自由主义经济学派可以追溯到两个著名的经济学群体，即以米塞斯和哈耶克为代表的奥地利经济学派和以弗里德曼为代表的芝加哥学派。奥地利经济学派起源于19世纪末的奥地利，以卡尔·门格尔（Carl Menger）1871年出版的 *Principles of Economics* 为发端，除门格尔之外的代表人物包括维塞尔、庞巴维克、米塞斯和哈耶克、罗斯巴德和霍普等人。

在研究方法论上，奥地利经济学派认为，只有在逻辑上出自人类行为原则的经济理论才是真实的。奥地利经济学派的研究方法是逻辑实证主义的，与主流经济学派之间有很大的出入，因此也是一个颇受争议的经济学分支。

奥地利经济学派马克卢普、柯兹纳和伯艾特克等人对奥地利经济学派的基本经济思想和经济研究原则进行了总结。大体上看，包括以下几个方面：①个人主义方法论：认为经济现象的解释需要回归到个人行为上，但同时应该注重个人的社会关联。②主观主义方法论：认为对经济现象的说明需要诉诸主观的感觉、判断，只有参考有关个人的知识、信念、知觉和期望，才能理解他们的行为。③边际主义：认为所有的经济决策，其价值、成本、收益生产力等，都由最后加入的那一单位来决定，并且强调决策者所面临的数量的预期"变化"的重要性。④需求、效用和偏好：认为市场需要来自个人对于财货和劳务的主观评价，并且个人的偏好是有待确定的。⑤机会成本：从事某些行为所放弃的其他各种行为中所能够获得的最高价值，这仍然是一个主观成本概念。⑥消费和生产的时间结构：将时间这一重要的因素引入分析，表明时间偏好和生产的迂回性。⑦市场过程：市场过程是企业家纠正市场价格和决策失调的竞争过程。⑧不确定性：个人决策是在真正不确定的环境中的一种选择行为，并且选择的决策框架本身也是决策的一部分。⑨消费的主权：认为消费才是决定生产、投资计划的主角。⑩自由主义：认为仅当个人拥有充分的经济自由时，才有可能保障政治和道德的自由，一旦经济自由受到限制，迟早会走向专制政权，最终破坏个人的自由。⑪知识和信息：认为应该区分知识和信息，从知识分散性的角度才能把握社会经济的实质。

门格尔的边际效用论是一种主观的边际效用，价值是对今后满足消费者需要的实用性的判断。早期奥地利经济学派将主观效用论作为最重要的研究方向，因此奥地利经济学派被戏称为"心理学派"。卡门·门格尔认为，价值并非如马歇尔经济学"剪刀理论"所描述的是由主观（效用）的和客观（有形成本）的考虑"共同"决定的，而是由消费者行为（在既定的现有商品和/或生产可能性的框架内起作用）"单独"决定的。序数效用理论在米塞斯一派得到发扬光大，米塞斯和其学生主张功利的作用是序数的而非基数的，换句话说，一个人只可能对他的需求进行先后的顺序排列，而不可能测量这些需求的数字大小。

本书对奥地利经济学派的借鉴和发展主要表现在以下几个方面：①借鉴了主观个体主义的方法论，并与时空场景分析相结合，将其发展为消费层面分析的基本出发点。②借鉴了企业家精神、特殊知识、个人经济自由的思想，并将其应用到供给组织的分析中。③借鉴了关于市场过程和自发秩序的思想，将其融入秩序与要素关系的分析中，并形成平台匹配机制的解释来源之一。

奥地利经济学派对于时间问题也非常关注，并形成重点研究"迂回生产"的传统。卡门·门格尔早期偶尔使用"时间"概念，但多半是与生产的性质相关，一般来说也限于静态分析。庞巴维克在消费者、生产者决策的分析中引进了时间因素，可以对利息现象作出解释，他的资本理论是基本主观价值论的延伸。由于生产要耗费时间，精于计算的人总是有序地选择较早的收益而不是较晚的收益，因此耗费资本的生产过程总是会将一部分现行产出让与先期就做出投入的那些人，时间被看作是投入的内容。

奥地利学派重视作为个体的经济参与者的思想和行动，认为供给和需求取决于个人的各种决定，亦即方法论的个人主义的原则，强调经济的决定是由个人而非集体所达成的。个人决策是在不稳定环境中的一种选择行为。同时也包括边际主义的理论，以此来比较成本和利润的增长改变。奥地利经济学派宣称每个人在互相自愿的交换贸易下能达成更好的结果。

在奥地利经济学派的诸多成果中，具有重要意义但相对被忽视的就是分散知识中蕴含的特定时空思想。哈耶克在《知识在社会中的应用》中指出：我们必须利用有关具体处境的知识，但这样的知识从来也不会以集中或整体的形式存在，而是人们分散地持有的支离破碎且常常相互矛盾的知识碎片。一是把所有应该利用但最初分散在很多不同人中间的知识交给单一中央权威来处理；二是向个人传递一些额外知识，使人们能够做出相互协调的计划。分散知识的观点是哈耶克对集权经济反驳的重要论据，也是其进行市场分析的基础所在。强调在进行经济决策上的不确定性，而非依赖于某个宣称掌握了所有可能情况的"经济人"或理性的决策者。事实上，完美的知识是不可能存在的，这意味着所有的经济行动都存在着风险。米塞斯和哈耶克将价格视为达成市场上的分散性知识的媒介，认为市场是学习和发现的过程。

时至今日，奥地利经济学派作为一个明确可识别的"派系"已经不再存在。奥地利经济学派由于缺乏完备内洽的理论逻辑，并没有成为主流经济学中的典型学派。但是其长于"思维逻辑训练"的经济学思辨研究方法，以及重视自由市场中个体行为的基本原则，在新自由主义经济学等学派中发扬光大，也对各个时期不同经济学者思考问题产生了深远的影响。被主流经济学吸收的思想和观点包括门格尔确立的主观效用理论，庞巴维克在资本、货币和商业方面的令人耳目一新的解释，哈耶克领衔的社会批判和经济自由主义思潮，米塞斯和沙克尔的市场过程解释等。

随着信息技术的发展，尤其是移动互联网应用技术的发展，经济社会的发展面貌发生了新的改变。一方面，由于时空约束被放宽，知识和信息更容易被普通公众掌握，因此自由经济的意味更加浓厚；另一方面，自由经济暴露出来的问题也更加普遍化，突出表现为互联网秩序的混乱：互联网的治理由谁主导？以什么样的权力安排进行？在这样的时代背景下，以批判的思维重新审视奥地利经济学派的基本学术主张，并将其应用到对真实世界的解释中，具有研究的可行性和必要性。

二、文献综述

（一）关于网约车的研究综述

网约车作为新生事物，是"互联网＋"和共享经济的重要代表，得到了学界的普遍关注。已有的研究主要集中在 2015 年以后，不同学者从经济、管理和法律等角度出发进行了丰富的研究。主要成果可以归纳为以下几个方面：

1. 对网约车性质与作用的研究

董成惠（2017）认为，网约车是市场参与公共资源配置的新模式，网约车类共享经济可以将"合作"和"消费"融合在一起，避免"公地悲剧"的发生，是对公共资源配置不足的补充，应建立政府与平台的合作管理机制。荣朝和和王学成（2016）认为，网约车是城市出行服务体系重要的组成部分，以准公共物品的形式解决出租车供给不足问题。高永等（2016）结合 2015 年 7 月和 11 月两次北京市网约车用户问卷调查结果，量化计算了网约车发展后居民出行方式选择的变化，认为网约车具有非集约化运输特性，因此应当适度、有序地发展网约车。崔航等（2017）利用系统动力学建模软件 Vensim 对城镇居民出行需求进行仿真模拟，结果显示，在出租车出行总体增长的情况下，传统出租车需求下降至原需求 50% 位置时趋于稳定。Uber 研究院对英国伦敦的研究表明，优步合作司机对伦敦交通拥堵造成的影响很小。*Consumer News and Business Channel* 的研究也显示，网约车没有显著增加纽约市的城市拥堵，网约车的出现在一定程度上刺激了城镇居民的出行需求，传统出租车需求大量被网约车代替。Souza 等（2018）对巴西的研究发现，网约车取代了大量的传统出租车和公共交通出行。也有不少学者对网约车转移公共出行、增加交通拥堵和环境污染等问题进行了研究。

2. 对网约车商业模式的研究

Hall 和 Krueger（2018）的研究显示，Uber 等公司的司机合作模式和评价机制增加了灵活就业者的工作价值。Cramer 和 Krueger（2016）认为，Uber 实现了出租车行业的颠覆式创新。张爱萍等（2017）认为，网约车平台弱化了资产专用性要求，增加了服务供给。侯登华（2016）以"四方协议"为基础研究了网约车不同组织之间的关系，建议确定平台的无车承运人地位，以委托立法形式制定地方监管模式。高超民（2015）研究了滴滴等共享经济中的人力资源问题，建议平台应与服务方明确责权利关系。胡蓓蓓等（2017）对出租车服务利润率进行了测算，发现高峰期顺风车接近途单更划算，出租车和网约车接远途单更经济，而在平峰期，四种出行服务接近途单受益更大。笔者据此提出，建议政府在高峰期提供补贴激励司机出车、网约车平台开启拼车模式。针对特殊人群使用网约车，Vivoda 等（2018）发现，老年人对网约车的使用非常稀少，网约车平台对特殊人群用车考虑不足，认为有必要对老年人提供使用培训等服务以便利其出行。

3. 对网约车管制政策的研究

张永安和伊茜卓玛（2018）使用6座城市的网约车新政数据进行研究，发现网约车的规制力度与交通拥堵指数、人口密度成正比。王学成（2018）建立了155个城市网约车政策严格程度的评价，通过计量分析发现，地方网约车实施细则普遍偏严格，没有充分考虑当地的交通需求、道路承载能力以及互补竞争出行方式的发展情况等。楼秋然（2017）通过中美政策对比，认为中央部委的政策比较审慎开明。绝大多数学者也赞同中国部委层面的网约车政策。陈越峰（2017）认为，《行政许可法》为网约车规制的制定确立了实定法上的框架，并从规制的结构出发提出"互联网＋"系统合作中的分层分类规制，建议系统全面地考虑不同主体间的合作治理，考虑多元经营主体的权利义务分层、城市规模分层，按交通属性和规制措施进行分类管理。但是郑毅（2017）认为，将制定细则的权力下放到地方存在一定问题，地方政府的实施细则的法律基础并不稳固。徐天柱（2017）认为，网约车的管理不宜以部门规章形式推进，应建立在立法的基础上。曾奕婧（2017）从角色定位出发，认为政府在网约车监管中存在着越位、缺位和错位问题。政府干预了市场可以解决的混合型公共物品的供需问题，而在信息和服务等方面又存在政府角色缺失，此外还存在滥用行政手段的角色错位问题，政府角色偏差造成了网约车监管的困境。沈开举和陈晓济（2017）在对网约车服务的定义中，强调了闲置车辆、闲置司机和公众出行需求的结合。他们认为，现有的管制对共享经济的发展造成了障碍。黄锫（2017）以上海市的网约车政策为例，研究了共享经济管理中的行政许可问题，认为地方政府以交通运输部《暂行办法》为依据制定行政许可，不符合设定行政许可的上位法原则。国务院决定创设的行政许可需要满足必要性和临时性限制，新创设的三个许可并不满足临时性要求。国务院对地方政府的授权合法性也存在瑕疵。对车籍户籍的限制也违背了《行政许可法》第15条中"不得限制其他地区的个人或者企业到本地区从事生产经营和提供服务"的规定。宋心然（2017）以倡议联盟框架为视角对网约车监管政策变迁进行了研究，作者认为网约车支持者的核心信仰是经济便捷，资源是财力和媒体，而监管者和反对者的核心信仰是秩序，资源是公权力。随着中央一级政府主管部门、专家学者和公众等态度的明朗，支持者联盟队伍逐渐扩大。《暂行办法》是两个不同联盟妥协的产物。

从总体上看，形成一致共识的观点包括：网约车是城市交通供给的组成部分，在满足公众出行需求方面发挥了重要的作用；网约车作为一种创新的商业模式，具有强大的生命力，能够提高从业者收入，建立更加协调的供需关系；网约车的监管非常有必要，但是现有的管理体制中存在不少问题，对网约车行业的健康发展有不利影响。尚有分歧的观点主要包括：网约车与不同交通方式间的替代关系不明确，网约车带来的环境和交通外部性缺乏可靠的评判，不同主体间应确定何种契约关系有待深入讨论。从研究的空白来看，一方面，从网约车平台角度出发研究网约车行业的探索还比较少；另一方面，对网约车平台经济性质的研究比较少；少数学者考虑了网络外部性或双边市场特征，从匹配角度探讨网约车供需问题；此外，针对网约车平台匹配的实现机制及其塑造市场的效果的研究还属于空白。本书将在上述研究共识的基础上，重点探讨网约车平台的匹配功能。

（二）关于平台经济的文献综述

经济学关于平台型组织的研究，与双边市场、网络外部性有比较强的相似性，现有的平台经济研究者中有很大一部分早期也因为在以上领域的研究而闻名。

1. 平台的定义、分类与经营策略

（1）关于"平台"的定义。Parker 和 Van Alstyne（2001）将平台看成是一种连接中介。他们通过对双边市场网络外部性的静态建模与分析发现：即使不考虑竞争，在一定条件下信息产品的提供商和用户都可以成为补助或免费的对象，他们还给出了补助或免费对象选择的条件；正的网络外部性可以导致在增加消费者福利的同时增加企业的利润。产品或服务的有形性、外部性、等级差异、内容与广告的比重等因素影响市场的细分及补贴对象的选择，需要结合平台特性进一步研究。国内学者中，徐晋和张祥建（2006）认为，平台是一种现实或虚拟空间，该空间可以导致或促成双方或多方客户之间的交易。徐晋和张祥建（2006）还对"平台经济学"进行了解释，认为平台经济学（Platform Economics）就是研究平台之间的竞争与垄断情况，强调市场结构的作用，通过交易成本和合约理论，分析不同类型平台的发展模式与竞争机制，并提出相应政策建议的新经济学科。贺宏朝（2004）认为，"平台经济"就是通过整合或借助关联组织的能量组成一个新的竞争系统，从而达到提升自身竞争能力的目的，合作各方均衡地享有新系统带来的增值利益。

（2）关于平台的分类。Evans（2003）从功能上将平台分为市场制造者、观众制造者、需求协调者三类。Armstrong（2006）就平台的性质分类建立了三个模型，分别是 Monopoly Platform 模型（用户没有选择地加入一个平台）、Competing Platform 模型（用户有选择地加入一个平台）以及 Competitive Bottleneck 模型（用户加入所有平台）。Economides 和 Katsamakas（2005）研究了软件平台企业的双边市场（平台用户与应用软件提供商）的竞争与定价策略，以比较私有平台（如 Windows）和开源平台（如 Linux）在定价、销售、营利性及社会福利方面的差异。Smedlund（2013）试图概念性地建立服务平台的商业模式与服务科学理论之间的联系，先根据服务前后台之间采用的信息通信技术和企业间协作的投资组合，将服务平台的商业模式分为四类，然后提出了基于能力的价值共创概念模型以解释不同商业模式价值创造的机理。国内学者徐晋（2007）将平台按开放程度分为开放平台、封闭平台和垄断平台，按连接性质分为纵向平台、横向平台和观众平台。

（3）关于平台的经营策略。Cusumano 和 Gawer（2003）提出了平台领导的概念，认为在计算机和软件领域由微软和英特尔组成的 Wintel 成为平台领导，对整个行业的资源调配和价值分配起到重要的作用。Evans（2003）认为，多属行为对于市场上至少一方而言是必需的，这样才能在平台之间不能兼容或者不能互通时进行交易。Rysman（2004）认为银行卡持有方的成员多属性要多于用途多属性。Hermalin 和 Katz（2004）认为不存在网络外部性，平台服务对差异化用户具有横向差异，并且存在可变的使用费，没有会员费时，平衡的结果是交互多属的。Sun 和 Tse（2010）是极少数涉及平台动态发展策略的研究之一，他们使用资源基础理论研究双边市场的竞争策略。以信用卡、计算机操作系统等双边市场为背景，他们研究发现，网络外部性使双边网络平台的参与者变成关键的资源。在这种双边市场中，资源的异质性由网络平台的规模所表征。基于两个动态系统模型，他们研究发现，变化的资源异质性（即初始网络平台的规模）是双边网络平台持续竞争优势的重要来源，而且对平台长期竞争的发展动态具有重要影响。Tucker 和 Zhang（2010）研究双边交换平台（如网上拍卖平台 eBay.com）的营销策略。这种平台往往公布用户数量（如卖家的数量和/或买主的数量）以期吸引更多的用户参与。他们通过 B2B 网站的现场试验发现，卖家偏爱有很多其他卖家的市场，因为其他卖家有助于吸引更多买主。该研究证实了间接网络外部性的存在。Hagiu 和 Spulber（2013）研究了以投资平台第一方内容作为双边平台经营的战略工具及其与平台定价策略的相互影响。他们研究发现，平台是否应该投资其第一方内容取决于销售商与买方的均衡参与度，以及第一方与第三方内容是否互补（第一方内容增加第三方内容的用户价值）或替代（第一方与第三方内容是竞争关系）。在新近的研究中，Wang 等（2019）将平台与政府对 O2O 模式的管制结合起来进行了探讨，认为价格监管一般会造成社会负效应，与官方平台的对接会增加平台自身的利润。Wang 和 Wright（2017）以亚马逊和 Visa 为例，从价格歧视的角度出发研究了平台的定价方式，认为比例费用加固定交易费用对平台来说是最优的。

（4）关于平台间的竞争有比较多的文献。Gabszewicz 和 Wauthy（2004）将参与者的类型放宽到不同类型，构建了纵向差异化模型进行平台竞争行为的研究。不存在多重注册的情况下，均衡情况可能是独占平台、零利润均衡、存在一个用户量更多的高质量高利润平台；而在存在多属注册的情况下，平台一边实现垄断定价，另一边则完全免费。Roson（2005）研究了一个具有内生多属性的银行卡竞争模型，结果表明在竞争性平台给定价格的基础上，消费者和商户进行一个协调博弈，市场双方的选择是独立的，而且存在多种平衡使所有平台都有正的利润。Armstrong（2006）假设仅有一边出现多重注册时，平台对多重注册的一边实行垄断定价，对非多重注册的一边则进行边际成本定价。Armstrong 和 Wright（2007）考虑了产品具有差异性的平台竞争问题。他们发现：当销售商认为不同平台同质而购买者被认为不同质时，竞争阻碍是内生的；均衡时平台不直接争夺销售商，而是通过补贴吸引购买者进行间接竞争，因而销售商交易中的收益被忽略。然而销售商可以选择多个平台，并且因为产品的差异性而获利。他们还分析了排他性契约（Exclusive Contracts）的影响。Hagiu（2010）研究了由生产商和消费者通过平台进行交易的双边市场中，当消费者对产品多样性要求相同时平台的定价策略。他在定价策略研究中考虑了产品的可替代性和多平台竞争的影响。他还发现，按交易量收费将抑制生产商的创新动机。平台的第一方内容（First Party Content，如电子商务网站提供的市场需求信息和顾客评级，社交网站提供的朋友推荐、粉丝地址通知等服务，微软 Windows 系统中的 IE 浏览器等）是相对第三方内容（指由平台中销售商提供的产品与服务）而言的。Sun

和 Tse（2010）对平台动态发展策略进行了研究。他们用资源基础理论研究双边市场的竞争策略。他们研究发现，变化的资源异质性（即初始网络平台的规模）是双边网络平台持续竞争优势的重要来源，而且对平台长期竞争的发展动态具有重要影响。刘大为（2018）认为，竞争性的平台向消费者提供相同产品时可能存在合作性质的单向兼容，同时也承认考虑产品异质性的情况下，问题会变得无比复杂。曲创和刘洪波（2018）认为，在平台异质性和交叉网络外部性的双重作用下，平台对角兼并具有市场圈定效应，因此需要对其进行反垄断审查。

从整体来看，学界普遍将平台作为一种特殊的市场交易形式或者一种特殊的商业生态来研究，不仅对平台特征的描述分析比较丰富，对平台的具体分类以及不同类型的特征也有较为全面的探讨。此外，学界对平台经营策略和平台之间的竞争策略，都有比较翔实的研究。现有的研究为本书进行网约车平台的研究奠定了扎实的基础，现有的研究比较欠缺的方面包括细节上对平台成本特征的研究、平台自生能力的研究等，本书将继续完善此类内容。

2. 平台的网络经济特征

网络经济的研究有比较长的历史，早期的研究集中在网络型产业，尤其是基础产业领域，如电信、铁路、航空等的研究。后期的研究逐渐转移到更具有一般性的其他网络型产业中。网络经济研究的基础是对网络外部性的研究。在双边市场及其相关领域的研究中，有两个比较有特色的方面：一个着眼于双边市场的经济性来源，也就是对网络外部性的研究；另一个着眼于双边市场的表现，尤其是双边市场中的价格结构以及相对应的企业行为的研究。

梅特卡夫法则（Metcalfe's Law）最早在实业界提及网络的外部性特征。梅特卡夫是3Com公司的创始人、计算机网络先驱，他认为，网络价值以用户数量平方的速度增长。最初该法则中的"用户"主要是描述以太网中的终端，后期逐渐被拓展到经济社会分析中。举例来说，如果一个网络中有 n 个人，那么网络对于每个人的价值与网络中其他人的数量成正比，这样网络对于所有人的总价值与 n × (n−1) 成正比。如果一个网络对网络中每个人的价值是 1 元，那么规模为 10 倍的网络的总价值等于 100 元；规模为 100 倍的网络的总价值就等于 10000 元。网络规模增长 10 倍，其价值就增长 100 倍。

Shapiro（1985）最早对网络外部性进行了分类，将网络外部性分为"直接的网络外部性"和"间接的网络外部性"。前者是消费相同产品的市场主体数量的增加所导致的直接的物理效果，例如，社交平台中，用户的初衷是与更多加入平台的人增加社交联系，因此用户在该平台的效益取决于有多少人参加该平台，每一个后进入者的到来都会增加先前进入者的收益。间接的网络外部性是指随着某一产品使用者数量的增加，该产品的互补品数量增多、价格降低而产生的价值。典型的如手机操作系统，使用安卓系统的人越多，为安卓系统开发配套应用的开发者也会越多，因此安卓系统的功能也会更加完善，消费者因此而获益。网络外部性也有正外部性和负外部性之分，早期的研究多关注正外部性而忽略负外部性。Wilbur（2008）对电视广告产业进行的实证研究发现，如果电视节目中广告的播放时间减少10%，在忽略竞争效应的前提下，观众的福利会增加25%，这也验证了该类产业中"负外部性"的存在。网络外部性的分析也被应用到了产业分析中，Nicholas 和 Katsamakas（2006）认为，那些呈现出很强的互补关系的"垂直"产业具有很强的外部性，他们从产业互补性即立业结构和外部性分析网络，认识到了网络的内涵。

Powell（1990）指出，网络组织是介于市场与层级制度安排之间的一种组织形态。威廉姆森（1991）将网络组织称为"混合型组织"，即一种中间组织形态。Bryson 和 Crosby（1992）指出，网络组织是一种依靠单个组织无法独自完成任务的有效制度设计。网络的基本要素是由节点和连接组成的。网络组织也是众多节点（企业或个体及政府部门）之间建立的联系。网络信息技术推动了产业间的相互渗透，技术壁垒的打破营造了产业融合的外部条件，科技信息企业突破传统产业边界，建立了以知识分工合作为基础的网络状关系。网络产业链的整体价值是由各个模块通过协同合作共同创造的价值集成体，Callanhan 和 Pasternack（1999）将这种价值创造方式称作"价值网络"（Value Network）。

在最近的研究中，Bourreau 等（2015）发现，平台是否设定歧视政策对网络成本的影响不同，实施价格歧视对平台宽带容量和内容创新的投资都要高于中立时，该研究对网络外部性的适用条件具有参考意义。Belleflamme 和 Toulemonde（2016）讨论了组内外部效应对买卖双方和平台的影响，结果显示卖家更多时卖家境况更好，平台更喜欢无差异的产品。这一结论与公众的直观感知存在较大的差异。王先甲和余子鹤（2018）研究认为，买者的网络外部性系数对平台利润既存在正相关又存在负相关的影响，大平台的利润并不总是大于小平台的利润。石雪和徐庆（2018）认为，在考虑消费者和商家组内网络效应的情况下，平台必须通过增加自身独特性来降低平台间可替代性系数。

关于平台所具有的网络外部性特征的研究已经非常丰富，本书将其作为对网约车平台功能解释的重要基础。

3. 平台的双边市场特征

双边市场也被称为双边网络（Two – sided Networks），是有两个互相提供网络收益的独立用户群体的经济网络。双边市场早期被称为双边配对市场（Two – sided Matching Markets），主要研究双边的配对策略，如学校选择和配偶选择等问题。后期的研究更加关注双边群体本身，例如，Gabrielle 和 David（1985）认为，在双边市场中，参与人形成一种伙伴关系，并且同时进行货币交换，不过，他们认为这种市场是单一项目的市场。

双边市场的概念是在 21 世纪初期形成的。Rochet 和 Tirole（2003）较早地关注了双边市场的问题，认为科斯定理失效是市场双边性的必要但非充分条件（因为在非对称信息的谈判交易中，科斯定理失效但价格仍可能不具有网络外部性）。他们区分了使用外部性（Usage Externality）和成员外部性（Membership Extenrality），并给出了综合模型以同时分析这两类外部性对定价、产出和利润的影响。Rochet 和 Tirole（2003）给出了双边市场的定义：双边（或多边）市场是一个或几个允许最终用户交易的平台，通过适当地从各方收取费用使双边（或多边）保留在平台上。也就是说，参与平台的各方试图获得（或至少不损失）钱时，平台对各方具有吸引力。在此方面，Gawer 和 Cusumano（2002）讨论了双边市场召集双方中存在的"鸡生蛋还是蛋生鸡"的问题。另一个比较流行的定义来自 Armstrong：两组参与者需要通过中间层或平台进行交易，而且一组参与者加入平台的收益取决于加入该平台另一组参与者的数量（Armstrong，2004）。Armstrong 和 Wright（2007）还指出，在这种市场中，平台以一种允许双边影响他们所获得交叉组外部性程度的方式来协调两边。双边市场对科斯定理不能解释的一部分现象提出了质疑。Eisenmann 等（2009）指出，专有的或者共享的平台在未来都将向着混合型治理发展，即平台技术的集中控制和用户责任共担。

在双边市场研究深入的同时，关于双边市场的聚焦点偏向了另一面，即双边市场中的价格结构。Rochet 和 Tirole（2003）的定义中认为，如果平台能够通过对市场一边收取更多的费用，同时使另一边的价格下降同等的数量，从而影响交易量，则市场就是双边的。这个定义更加符合主流经济学的研究范式，但是也脱离了双边市场的特殊特征。价格结构非中性，成为了判断是否为双边市场的一个重要依据，Rochet 和 Tirole（2003）给出了价格结构非中心的三个原因：①存在低成本交易系统或交易成本不可测度的问题；②对数量不敏感的成本；③转移限制条件。在价格方面进行研究的还有：Caillaud 和 Jullien（2003）提出了"各个击破"的定价策略，即首先通过低价、免费甚至补贴的方式来召集一方用户，以此来激励他们参与平台的积极性。Ambrus 和 Rossella（2004）、Caillaud 和 Jullien（2003）指出，即便在双边信息对称的情况下，也会发生平台定价不对称以及其他不对称性情况。Armstrong（2001）、Rochet 和 Tirole（2003）研究发现，市场双边的需求弹性是个需要考虑的重要因素。Armstrong（2006）研究发现，均衡价格取决于网络外部性的大小、平台的固定准入费用或每笔交易付费（在存在多个平台竞争时这种付费方式有助于降低网络外部性的作用）、市场主体选择一个还是多个平台。他还给出了双边市场中哪一类市场主体需要进行补助（或低收费）的条件。Economides 和 Katsamakas（2006）发现，对于私有平台，系统平台、应用软件及其准入的均衡价格都可能低于边际成本，基于开源平台的应用软件业的利润可能比私有平台的总利润高；但当用户偏爱应用软件的多样性时，私有平台的利润更高。

从整体来看，已有的双边市场的研究中，理论基础来源于网络外部性的理论；研究重点在于双边之间的关系，尤其是价格关系。值得进一步研究的地方是：①早期双边市场的配对研究多限于小规模选择市场，后期则出现两个分支，将配对的重点放在价格方面，与激励理论、机制设计等研究相融合，脱离了对匹配的关注。②将双边市场的重点放在"市场"上，平台组织作为有形的市场主体发挥的作用与"看不见的手"发挥的一般市场机制显著不同，这种机制的来源在经济分析的底层表现是什么。③已有研究关于"平台"多作为双边市场中的一种类型或者双边市场的载体来分析，而平台不同于双边市场的去中心化开放模式，以及组织边缘资源、支持虚拟组织等特征在大量双边市场的讨论中并没有提及。

本章小结

　　本章主要介绍了研究的理论基础以及前人在相关领域的文献成果。从丰富传统经济学因关注一般性而忽视特殊性的缺憾出发，本书将时空经济的分析视角和奥地利经济学派基本思想引入到基础理论中，重视个体分析，强调具体的时空中的资源、主体和经济行动的异质性。文献综述部分对网约车的性质与作用、网约车商业模式特征以及网约车管制政策等方面进行了综述，总体来看，对网约车服务的利弊研究有比较深厚的基础，但是对网约车平台的关注相对较少。从平台经济的文献梳理情况看，从商业模式角度出发进行定义、分类和运营策略研究的比较多；经济学研究方面，网络外部性和双边市场已经有大量成果，尤其是跨边网络外部性、非中性价格等研究为本书奠定了基础，在平台化的匹配机制方面，研究还比较薄弱。

第三章

解释框架：注重特定时空视角的
平台化供需匹配

　　不同的研究范式对应不同的解释框架，解释框架具有一般性和稳定性，是一种认知结构。库恩在《科学革命的结构》中提出范式概念，范式是一个群体中成员所共享的信仰、价值、技术等的集合，坚实地建立在一种或多种过去科学成就基础上的研究，这些科学成就被某个科学共同体在一段时间内公认为是进一步实践的基础。经济学作为一门独立的学科，与其他社会科学关注的研究对象相比，更注重研究方法。虽然流派较多，但是解释框架都具有一个相对稳定的内核，或者关注经济人和经济组织的决策和行动，或者关注市场的结构和发展过程，或者关注经济效率、效益对应的因果律。

　　本书试图搭建的核心解释框架（见图3-1），以主流的供需分析为基本框架。传统经济学将经济世界分为需求部分和供给部分两个阵营，并通过价格机制将两者联系起来，建立供需均衡分析框架。即使经济学已经发展出无数的流派，供需分析的基本框架仍然是不同流派最容易达成一致的主要基础分析框架。任何经济主体在做经济决策并执行经济行动时，都将考虑供需两侧当前所处的状态以及可能的应激变化。本书在此基础上增加了反映真实世界中资源和组织特征的时间—空间视角，增加了新自由主义经济学中关于个体主义的哲学倾向，对网约车平台等新经济现象的解释，与传统解释框架有联系但不完全一致，有创新但不背离经济学研究的基本原则。

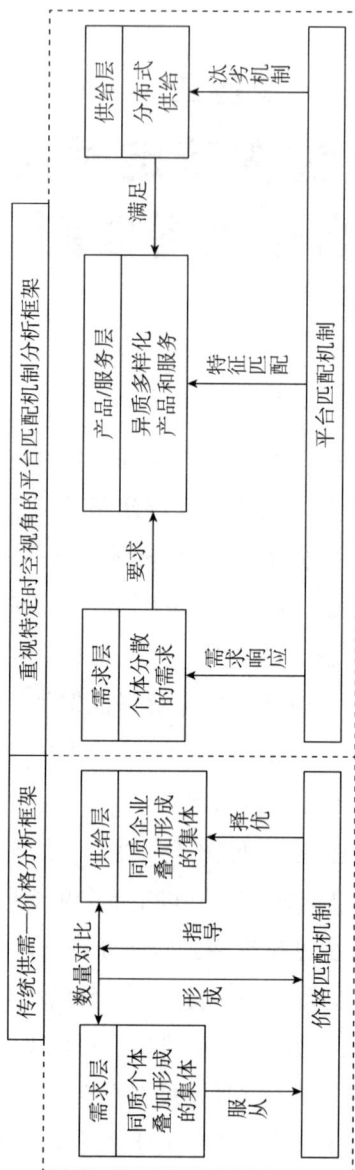

图 3－1　核心解释框架

一、重视特定时空视角的经济学分析

一般与特殊、普遍与特别、个性与共性等，无论在现实世界还是在理论探讨中都是非常重要的几对关系。马克思主义哲学认为，事物的矛盾法是对立统一的法则，是唯物辩证法最根本的法则。矛盾具有普遍性和特殊性，普遍性和特殊性的区别是共性和个性的区别，任何事物都是共性和个性的统一，两者相互排斥又相互依存。不仅在哲学中，不同学科都存在广泛而深入的普遍性和特殊性的讨论。

自然科学研究的目的可以概括为探索发现或者归纳总结一般规律，以及将这种一般规律应用到现实世界中。在自然科学中，对于要素适用的规律对于系统也适用，整体和整体中的一部分并没有质的差别。然而一旦有突破规律的新现象被发现，那么就说明存在一个更加一般的规律可以将这个新现象包容进去。社会研究却要复杂得多，因为人的意识和行为并不是整齐划一的，也不是机械静止的。与自然科学不同，社会科学对例外的处理方法是：通过假设将其排除在外，或者通过假设将"例外"一般化。

经济学领域从一般性—特殊性辩证关系角度出发的研究相对较少。马克思主义经济学有较多涉及，主要原因是马克思主义经济学中很多分析建立在马克思主义哲学的逻辑基础上，而唯物辩证法中关于普遍性与特殊性有比较多的讨论。例如，李金光（2004）认为，劳动和资本都有一般性和特殊性。从特殊性角度来看，决定劳动、资本社会性质的不是它们本身，而是它们与什么性质的社会制度相结合。还有学者解读了人性的一般性与特殊性，前者指人类具有"自由自觉的劳动"这一一般性特征，所以和其他动物区别开来；同时因社会关系、精神属性（自主性、能动性、创造性）不同而具有特殊性。在经济学应用研究的其他领域，一般性与特殊性的讨论也比较多。在中国的利率市场化改革方面，刘新刚等（2016）认为，中国利率市场化改革的原因、方向以及渐进式改革路径都与其他国家相似，但自身也存在一些特殊性，表现在金融自由与金融安全、金融效率与金融公平、一般利率制度与差异化利率制度之间存在理性与价值的张力结构。

在政府的经济职能方面，黄少安（2014）认为，在市场经济的基础上，政府一般性的职能包括制定和维护规则、保护产权、反垄断和规制自然垄断、调节收入分配、调节经济周期、提供公共物品和保护公共资源。政府的特殊职能则是与中国经济社会发展的具体情况相结合，产生的自身特有的职能，包括以改革推进市场机制发挥作用（例如，改革土地、户籍、教育等制度）和提供其他公共服务等。

任何学科都对普遍性更感兴趣，希望得到普遍适用或者至少在一个行业和领域内具有普遍适用性的理论，并以其指导实践。这是因为"普遍理论"有举一反三的功能，具有更好的实践指导意义。经济学也不例外：随着计量经济学的发展，这种趋势更加明显，经济学应用也从以解释为主偏向以预测为主。特殊性则相对处于被忽视的境地，甚至有很多关注特殊性的经济学研究被认为是管理学或者社会学的范畴。随着经济学分支的不断增加，研究范式不断创新并完善，重拾特定时空视角成为经济学理论发展的新方向。

从经济学研究方法的角度看，本书所主张的"特定"与"一般"之间的区别，主要体现在几个方面：①一般时空中经济资源和经济主体是同质，将异质的部分剥离出研究范围，或者将其视为同质；特定时空重视具体的时空环境，尽可能还原资源、环境与主体的异质性。②一般时空中从整体的角度出发分析问题，个人行动的逻辑建立在集体选择的基础上；特定时空中，保留了大量的个体视角，将包括竞争过程在内的市场运行机制，作为个人间交互的结果，而非条件。③一般时空分析中忽视微观时空概念，不考虑经济行动所处的具体时间和空间条件；特定时空中重点考虑具体的时间和空间环境对个体决策的影响，更加重视即期概念，以及即期行动中的小尺度空间环境。

本书主张的供需特殊性，依然建立在主流经济学框架的基础上。不同之处在于将供需分析的关键点聚焦在匹配机制上，而不是共性的价格机制上。本书主要从异质性、个体性的角度出发，并在此基础上形成需求主体的特殊偏好、市场的特殊产品、供给的特殊组织模式三个分析层次。在这三个层次中，需求分析是根本出发点，供给作为满足需求的方式，而产品是供给向需求靠拢的表现。

二、特定时空中的分散化需求分析

需求的分散化是客观存在的，其根源在于需求的载体是分散的、独立的消费者，消费偏好具有主观性个体特征，而具体时空场景的不同放大了需求的特定性。

一般经济学关于个体偏好的解释，建立在经济学"理性经济人"的假设上，其时间基础是牛顿力学的同质、对称的时间观，空间基础也认定空间同质、人对空间具有完全的掌握。传统意义上的掌握完全信息、按照利润最大化要求行动的理性人假设已经被不同学派（芝加哥学派、制度经济学派、组织行为学派、演化经济学派等）进行了批判并证明是不可信、不可行的。其中比较有名的学者及其理论包括：贝克尔将自私自利扩展到利他分析，开启了经济学研究领域向社会学渗透的"经济学帝国主义"时代；西蒙的"有限理性"（多目标和有限能力）及其基础上的组织行为研究；奈特的"生存利润"思想以及与生物演化相结合的新经济视角；奥地利经济学派的主观个体分析，认为理性和非理性是毫无意义的概念，每个人基于主观评价对其追求的目的进行理解；诺斯及制度学派认为，人是嵌入社会制度中的，具有复杂性和多样性。

荣朝和（2016）提出用"趋利避害"假设代替"理性经济人"假设，使经济分析更加贴近社会现实。趋利避害的经济人与完全理性的经济人相比：①如果利他与自利不冲突，或者在当前时空环境下冲突，但是放大的时空尺度下并不冲突，则人可以是利他的。②人的决策目标不可能完全依照效用最大化标准，效用最大化建立在对全局完全信息一般性的把握基础上，从特定时空角度看这几乎不可能实现，更多时候经济人追求短期的和局部的，获得生存机会或者胜于部分竞争者。③存在本能驱使、直觉判断、临时起意等影响经济行为的特定情况，在时空环境越具有特定性的情况下，决策越依赖上述因素，而非完备周全的考虑。总体而言，个体决策考虑的是：最大限度地满足自己当前时空特征下的偏好；在所有的备选供给中尽可能选择成本和风险都最小的产品和服务。任何需求都要在经济预算约束和"时空预算约束"下进行权衡。

（一）个体主观偏好决定了需求的特定性

本书中提及的主观特征，是指经济学方法论中从主观视角出发的思维方式和分析方法，重点强调经济主体对客观实际的感知和评估，并在此基础上进行的选择、分析和行动等。与哲学意义上的主观主义不同，哲学上的主观主义与唯心主义概念相近，指的是从感情、愿望和意志角度出发，忽视事物的客观实际。经济学上的主观分析仍然遵从唯物主义的基本立场。

对个体需求的主观性是否重视，是经济学理论能否更加贴近现实的最重要的立场。人类有意识地选择自己的特定目标，并慎重地运用稀缺的手段来实现预定的目标，使得主观想象的利益最大化，这就是人类行动的本质。奥地利经济学派对主观性具有深厚的研究基础。门格尔指出，财货本身和人类欲望满足间有着或远或近的因果关系，人类欲望被满足的过程，就是高级财货变为低级财货的过程，此过程同样受因果规律的制约，经济财货就是需求量大于人们能支配的数量的财货。门格尔认为价格是在交易双方对对方商品不同的主观评价基础上形成的。哈耶克在《科学的反革命》中提出："过去一百年里经济学的每一项重大进步，都是向着不断采用主观主义的方向又前进了一步。不能从客观的角度对经济活动对象进行定义，只能参照人类的意图。"不仅如此，哈耶克也认为，主观主义是社会科学的共同特点。门格尔在《国民经济学原理》中强调，价值本质上是"主观的"，所谓价值就是一种财货或一种财货的一定量，在我们意识到我们对于它的支配，关系到我们欲望的满足时，为我们所获得的意义。主观价值理论消解了古典经济学中的水与钻石的价值悖论，把经济学从古典学派中研究财富的科学转变为全面研究人的行为的科学，其后的奥地利学派经济学家沿着这条道路逐步深化。奥地利经济学派对主观价值的高度重视，归根结底是因为其重视经济个体行为分析的一贯原则。

新古典经济学将偏好的稳定性作为各种经济学理论的基础假设，然而偏好的稳定却很难实现。从消费的角度看，个体做出的任何决策绝不可能掌握完全的信息，并对自己已经发生和未来规划中的消费进行完全的理性排序。多数情况下是一种模糊的、局部的甚至即兴的决策。消费者不能完全掌握外界的知识和信息，一方面，因为大量的知识信息受时空限制并不能达到消费者所处的场域；另一方面，不是所有知识和信息的价值都能被消费者关注到，消费者也不可能对其价值有明确的量化认识。从消费者对自身的认识来看，也存在这样的问题。国内外的很多研究表明，心理账户以及个体心理认知偏差对个体经济行为决策有着重要的影响作用。由于心理账户的存在，个体在经济决策时往往无意识地偏离正常的价值判断。任何人都不可能对自我有"完全的""准确的"认识；相反，人更多时候依赖外界的评价来认识自己。

主观偏好还有不可度量的特征。布坎南曾对主观决策的成本衡量进行过论述：成本就取决于决策者本人对他预期将不得不放弃的满意或效用的评价……成本是主观的；它只存在于决策者或选择者的头脑中，除选择者本人外，其他人不可能度量成本，因为主观的思维过程是不可能直接观察到的。个体的主观价值很难被观察到，即使可以被观察到也很难进行量化，除非选择者本人愿意并且有足够的能力将自己的价值准确地表达出来，而且观察者能够完全无偏差地接收到这些信息，这几乎是不可能完成的。此外，"量化"必须建立在"标尺"的基础上，没有公认的、准确的标尺，就不可能有准确的量化。对效用或价值的判断建立在个人主观的评价标准上，因此，就会出现一个非标准的尺子去度量另一个非标准的物体，得出准确可靠结果的可行性几乎为零。萨缪尔森提出了显示性偏好理论，将偏好的评判由主观的、不可观测的心理活动转向客观的、可观测的选择行为。瓦尔拉斯通过"假定"可测性，将不可测定的东西看作是可测定的，"绝对地看，对时间和空间没有直接的或可测定的关系，因而是捉摸不定的"。但是假定可测或者认可显示性偏好，依然要遵从比较严格的假设，例如，偏好是稳定的、可以传递的、理性经济人追求效用最大化等。

波普尔在《通过知识获得解放》中认为，现实的世界由三重世界构成，分别是客体与物理的状态、事件和作用力构成的物质世界；经历的和无意识的心理事件所构成的心理的世界；心灵产物的世界。在这种架构下，波普尔认为，一切生物都在寻找更好的世界，永远都是积极主动的。三重世界的分类对于物质与意识，以及人的主观能动性解释做了很好的铺垫。借鉴这种分类，可以建构物理与意识、个人与集体的三重世界，即物质的世界、个体认知的世界和集体认知的世界。一方面，个体认知的世界是两重世界之间的桥梁，但物质世界和集体认知的世界通过个体认知世界的相互映射并不是一一对应的，个人认知夹杂了个人知识和信息储备造成的不完全和偏差，主观性难以避免。因此，对物理世界的认识、与物理世界的互动不可能建立在完全理性的基础上。另一方面，集体认知的世界是由个人认知组成的，却不能反映个人认知的全部，只能是被强影响力主体引导并得到绝大多数公众认可的集体观念。对三重世界的认识，关键在于理解个体认知的世界，主观个体主义的方法论必不可少。

很长一段时间里，古典经济学家和道德哲学家在考虑个人效用和社会效用（社会福利）冲突问题时，都认为不同个体的效用可以放在同一标准之下进行比较。福利经济学派的观点是：某项经济政策或经济行为会导致当多方效用出现增减时，如果补偿检验证明社会总福利在增加，这种行为或政策就是可行的。

对集体的分析不能等同于简单、粗暴地对个体的特征进行加总。一方面，加总必须限定在有限的维度内，而且考虑的维度必须清晰、直观、可计量。另一方面，加总也抹杀了特立独行的特征，或者对冲了相互对立的偏好。米塞斯认为，人并非原子式的个人，而是运用其自由意志在世界上行动的人，因此人类行为不可能总结成为历史规律，因此，经济学试图通过统计来找出所谓的规律是徒劳无功的。效用的主观性决定了其不可进行横向的比较，因此也是不可通的。正如客观主义哲学运动代表人物安·兰德（Ayn Rand）所述：任何以群体取代个人的概念，将对所有的人构成威胁。哈耶克更是认为，整体并非既定的事实，只是人类头脑建构的产物。集体主义理论将人们观察到的一部分"整体"的变化当作明确的客体，忽略了内部观察，因此不能更好地理解人的行动。社会不存在于别处，只存在于个体行动之中。在个体行动之外去寻找所谓的社会只是妄想。因此，抽象化、一般化的整体需求分析并没有绝对牢靠的微观基础。

（二）时空场景不同放大了需求的特定性

需求的差异之所以会普遍存在，一方面，缘于人们对不同事物认知时具备的知识、信息储备是不同的；另一方面，缘于外部环境（当时当地所处的情景、历史的或者未来的情景、个人的或者群体的情景）不同造成差异。就像每一个人都是特别的一样，每一个具体的产品和服务都是特别的；就像人可以按照分工进行职业划分一样，具有某些共同特征的产品也可以归类为同种产品。特殊性是绝对的，一般性是相对的。产品或服务差异化的来源是多样的，既包括自身物理性质在不同场景下的功用不同，也包括特定时空场景下消费者主观认知造成的价值判断差别。

价值的主观性除了与个人的心理活动和思维观念等有关外，也与外部的时间空间条件有很大的关系。戈森（Cossen）在《人类交换规律与人类行为准则的发展》中多次从时间角度出发考虑人的选择问题，在此基础上形成了最早的边际分析思想。他建立了主观效用和时间的关系："重复享受时感觉其为享受的时间更短，饱和感受出现得更早。享受重复进行得越快，初始感到的享受量则越少，感到是享受的持续时间也就越短。"他还提出了人们的消费选择依据："人们在多重享受之间自由进行选择，但是他们的时间不足以充分满足所有的享受……每一种享受的量在其满足被中断时，保持完全相等。"此外，他还提出了生产选择的依据："……每种享受在最后创造出的原子的价值，与人们在力量发挥的最后时刻创造这个原子时所引起的他们的痛苦的量相等。"杰文斯认为，效用有两种尺度，即强度大小和时间长短。埃杰沃思将杰文斯效用的尺度进一步分为了"客观时间、主观时间和强度"，但是他很快就放弃了这一标准。

时间空间作为人类活动的客观维度，对任何人都是公平一致的。但是从个体角度来说，每一个人所处的时空必然和其他人所处的时空不同；同一主体的时间自顾流逝的过程中，外部环境和条件也必然会有或多或少的改变；即使将时空差异的绝对性假设放松，仍然存在个体因信息储备不同或者价值取向不同造成认识的不同。因此，时空场景与个体需求的判断相结合，产生的是绝对差异的主观个体价值，一般性反而是在限定场景的情况下才相对存在的。

多数产品具有复合功能，产品呈现出的特征是其总特征的某个子集，在每一个特定的时空条件下，场景增加了功能呈现的多样性。以手机为例：早期的手机功能非常单一，仅限于进行通话，是标准的通信工具。随着电子信息技术的进步，手机的功能也越来越复合化。功能机时代，就已经出现提供日程安排、备忘录等功能的"商务手机"。智能机时代，手机功能已经覆盖通信、游戏、拍照、办公等几十种不同的功能。即使是同一款手机，每个人对所有功能的使用范围和使用频率等也不尽相同，从特殊性的角度来看，每一个被特定消费者使用的手机都是一个异质性的产品。我们所处的世界，大量物品都是功能复合的产品，而且随着工业能力的进步和对消费者需求的重视，附加更多功能是增加产品卖点、形成差异化竞争，进而俘获消费者的重要方式。产品的复合化趋势会越来越明显。

同质的产品也会因为使用场景的不同而呈现出功能的差异化。例如，水是每个人日常生活中都会应用到的简单物品，工业流水线生产的纯净水，经过严格的标准化制造程序和检验之后，几乎可以看作是同质的。但是，在不同的使用场景下，仍然会呈现出使用价值的异质性。多数人购买瓶装纯净水是为了解渴、补充身体流失的水分。有人使用纯净水自酿葡萄酒，避免发酵过程中细菌污染。也有人使用纯净水代替普通自来水进行面部清洁，期望改善皮肤状态。更令人想不到的是，一些科研机构实验中使用纯净水代替纯水，相较于自制纯水或通过实验耗材供应者购买纯水，瓶装纯净水简单易得，在精度要求不是特别高的实验中效果也不差。场景构建的重要基础是使用者在特定时空环境下的需求状况，这些场景有的是偶然所得，有的是临时构建的，有的仅限于较窄的领域，很多场景远超出生产者的预期。

上述两种差异，主要还是集中在物理差异性上，人的心理世界、对物质的认识要更复杂。物理世界是相对稳定的、不以人的意志为转移的，心理和认知的世界则严重依赖个人的主观个体价值倾向。特别地，我们考虑产品和服务所处的特定的时空环境，并叠加了消费者的主观个体偏好。

即使是同一主体与相同产品，在不同的时空环境下也会产生不同的偏好判断，出现因需求者所处的时空场景不同而偏好不同的情况。昂贵的钻石在西式婚礼中是不可少的元素，在很多财经行业从业者眼中又被称为"最高明的营销骗局"。产生两种极端评价的原因，就在于消费者所处的场景不同，婚礼是一个文化形态交织的场景，钻戒代表的是新婚夫妇永不变质的感情。对大多数人来说，钻戒是不能被转卖的，否则就缺失了爱情忠贞不渝的警示意义，甚至无意丢失都会被认为是爱情得不到上天眷顾的表现。然而放到投资场景中，钻石这种自身使用价值有限，储量极大而产量极小，又没有大规模流通市场，转手往往折价才能交易的产品，是投资者完全规避的产品。但是，一个高明的投资者在婚礼上也不得不准备钻戒，一个极其重视爱情仪式的人也不会在婚礼结束后还大量购买钻戒以保值增值：时空场景使然！

抛却复杂的文化和意识考虑，产品的差异性与物理时空的差异也有紧密的联系。以荔枝为例：荔枝主要生长在广东、广西、福建南部和海南岛，生长过程中对水、光、热、湿组合条件要求苛刻，产区比较集中。荔枝不耐储存，而且采摘到食用的时间间隔越长，品质下降越快（见图3-2）。

在物理层面上，随着时间的推移和空间的转换，荔枝的食用价值会发生变化，这种变化很难简单、直观地通过外观做出判断。从消费者心理来看，同样的物品当下消费和推迟消费的效用并不完全相同，一般来讲，消费者更倾向于前者；考虑空间情况，地理距离越远、隔绝条件越多，地区间商品交换就越困难，而人具有追求新奇的心理特征。两相交叉，就会出现消费者对荔枝这种生鲜类农产品的价值偏好不同，在图3－2中表现为从左上向右下递增。对于产地消费者来说，隔夜荔枝都很难接受；而对于绝大多数北方消费者而言，三天以内的荔枝都可以算作"美食"。从心理体验上看，如果远在东北的消费者吃到隔天采摘的荔枝，可能会感到极大的满足；而这种感受对于更接近产地的两广地区消费者而言是难以理解的。

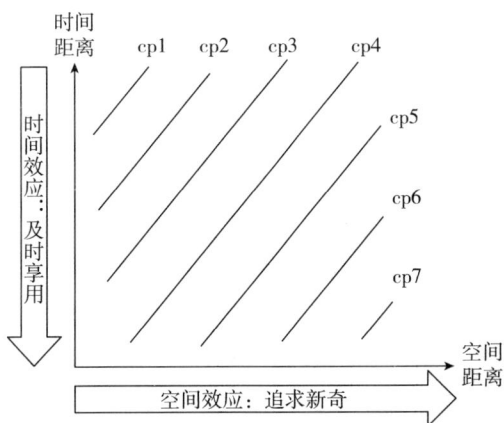

图3－2 主观视角下商品（荔枝）的时空效用表现

上述例子反映了现实经济世界中，产品和服务的复杂性。要认识这种复杂性，就必须从时空场景的角度，对该产品的功用以及消费者的心理有更深入的了解。

产品和服务领域的绝对异质性与传统经济理论，以及在传统理论基础上形成的经济共识，形成了明显的冲突。对"规模经济"的思考，就处于这场冲突的前沿。规模经济是物质生产领域最大的"理论武器"，规模经济效应越明显的企业，竞争能力越强；但是对规模经济的追求，也将经济系统带向了另一条歧路，典型表现就是大规模的生产过剩。"顾客就是上帝"是很久以前就被市场经济中的主体接受的基本商业原则之一，但是多数情况下，这只是一个口号式的目标，最终的目标还是将产品和服务推销给消费者，消费者只是从几个固定的条条框框中挑选出相对比较满意的而已。其中的经济道理是：规模经济不仅决定了什么样的模式可以获得较大的利润，也决定了什么样的模式只能停留在概念阶段而无法实践。要想突破规模经济的魔咒，就必须从时空塑造技术到时空经营模式上都进行相应的突破。

三、特定时空中的分布式供给分析

本书中的供给分析建立在需求分析的基础上，随着消费者主观个体异质需求特征越来越明显，供给层面也出现了相应的变化。主流经济学理论中的供给组织遵循利润最大化原则，现实世界中以企业为主的经济组织也受到政策、法规乃至社会惯常的严格约束。从经济发展的趋势来看，强调面向需求者、放权个体供给者的分布式供给成为趋势，原因就在于分布式供给能够更好地处理具体的时空问题。此外，从特定时空角度看，自由选择是供给组织经济行动的基本准则，只要经济主体具有从事特定经营活动的资源、能力和意愿，同时对消费者和社会并无害处，就应该赋予其供给权利。

（一）面向需求的分布式供给

"分布式"是一种新生产组织方式，着眼于解决工业化后期大批量集中生产，以及这种生产方式对流通体系、消费体系造成的不利影响。随着互联网技术的发展，尤其是近年来云计算、大数据等技术的成熟，分布式生产和服务逐渐流行起来。

"分布式"概念来源于能源领域。"分布式能源"（Distributed Energy Resource）被认为是革新能源生产系统、解决能源供需不平衡的重要方式。能源具有非常强的时空特征，石化能源由古生物化石沉积而成；太阳能、风能、水能都受当时当地自然环境的影响，具有非均衡性、周期性、间歇性、不确定性等特征。火电、水电作为中国能源供给的主要构成部分，受资源时空分布的约束非常大，在能源开发能力提升的过程中，形成了依靠集中生产降低成本，并通过电网进行输电、配电的主要路径。克服电力跨时跨域传输中的损耗成为不得不解决的重要问题。

分布式能源提供了另一种截然不同的解决方案。美国能源部将分布式能源定位为：位于用能地点或附近的小型、模块化、分散、不考虑是否联网的能源集成系统。2004年发布的《国家发展改革委关于分布式能源系统有关问题的报告》中对分布式能源相比集中式能源的优势进行了总结：①接近能源消费区域，不需要建设大电网进行远距离高压或超高压输电，可大大减少线损，节省输配电建设投资和运行费用；②可以有效实现能源的梯级利用，达到更高能源综合利用效率；③设备启停方便，负荷调节灵活，各系统相互独立，系统的可靠性和安全性较高；④更加环保。从分布式能源的内涵来看，其核心思想是组织模式的变革，实现面向需求的、灵活高效的供给。

近年来，分布式供给不仅在能源、计算机技术等经典领域得到发展，在互联网商业模式实践中也取得了非常明显的成效，包括提供同城1小时速递的"闪送"平台，线上下单线下超市配送的"京东到家"，提供设计、策划、建站等服务的众包平台"猪八戒"，分享知识、经验和见解的网络问答社区平台如知乎网等。分布式供给的发展得益于互联网信息技术的快速发展，尤其是移动互联网的发展，使得消费者的消费诉求可以简单、快速地反映出来，供给者以此组织生产活动，双方的信息不对称问题得到了很好的解决。

本书所指的分布式供给是：面向终端需求，组织小型、分散主体提供灵活供给的方式。与分布式能源相似性很强，但是适用领域更加广泛。从经济学的角度看，具有以下几个典型特征：

（1）面向终端需求。分布式供给要解决的需求，并不是笼统的、整体的需求，而是具体的、终端的需求。分布式供给发生在需求信号表达之后，或者是根据需求规律进行预先针对性的供给安排，与先生产、再营销、后消费的模式显著不同。面向终端在时间上的表现为即时响应，在空间上的表现为临近响应，发生在微观时空尺度上。

（2）供给的主体具有小型化、分散化特征，这也是面向终端需求的内在要求。小型化强调以最小规模组织生产，是任务导向型的组织，具有扁平化的特征。小型化组织以个人和松散的契约组织为主，随任务产生而建立，随任务完成而瓦解。分散化则强调供给主体时间和空间上分散布局，没有显著的集聚效应。分散化建立的基础是经济要素分布的不均匀特征，调用碎片化的资源来组织生产和服务。分散程度越高，反而越能够更加快速地响应需求，提高供给的效率。

（3）终端赋权。从供给的角度来看，在工业化进程不断加深的过程中，越来越多的终端生产者依附大企业集团或生产联盟安排生产计划，或者直接完全遵照上游链条的计划和命令来生产。这种趋势随着分布式生产逐渐流行也出现了松动，尤其是能源、信息和交通领域的技术进步将原先复杂的、需要多主体协同的任务变得更轻松和普遍化，加上契约形式的松散化、灵活化，隐形互惠关系更加普遍。新的供给主体有意愿、有途径、有能力承担终端决策和行动的权利，而终端赋权带来了组织主体对微观时空更可靠的管理。

分布式供给与传统供给模式相比，显著的优势在于：具有建构微观时空的能力，在时间上表现为面向需求快速准确地安排、实施、完成生产；在空间上则表现为其在给定的区域内组织协调本地特定要素的能力突出。但是也应看到，分布式供给这种点对点模式不能处理大量复杂需求，很难实现规模经济。在这样的背景下，提供专业化匹配服务的平台就显得尤为突出。平台化的商业模式也发挥了重要的作用。平台提供了低成本、具体化的市场交易场所，容纳了大量差异化的供给和需求，为双方建立了连接的渠道。此外，平台出于盈利目的，进行流量再组织，设计相应的规则和制度来实现匹配。平台经济功能的详细解释，将在后文具体介绍。

（二）处理具体时空关系的特定主体

经济学研究的主体与一般社会科学研究的主体并不完全一致。经济主体一般也被称为经济组织，经济组织广义上讲包括具有经济行为能力的个人、企业、行业协会、政府管理机构、国家或区域政治主体等。理性经济人假设是甄别经济组织的基本原则之一，不具备理性经济人特征的经济组织很难纳入新古典经济学的研究范式内。在供给层面，理性经济人假设的具体表现是利润最大化。

对一定时空范围内特定资源的把控能力，是经济组织生存发展的基础，要求经济主体过多掌握一般性时空资源，并没有太大的意义。资源理论学派对经济组织与经济资源的关系非常有启发意义。资源基础理论认为，企业资源是企业能力的基础，而特殊异质资源是企业竞争优势的来源，不可被模仿的资源能为企业获取持续的竞争优势。动力能力理论对资源基础理论进行了再发展，提斯认为，有资源是企业能力的基础，企业竞争优势的主要来源是组织与管理能力。

从理论上来界定什么样的组织是经济组织，或者什么样的组织是好的经济组织是比较复杂的议题。从现实世界来看，如何成为合格的经济组织，也存在重重障碍。哪些准入约束是必需的，哪些准入约束是不必要的，制定准入约束的动机是什么，都值得深入探究。

2014 年的巴彦淖尔粮食收购案，为经济主体资格的研究提供了极佳的案例。王某某是内蒙古自治区巴彦淖尔市某村的一名普通农民，自 2008 年开始使用自己的农用车收购粮食瓜果等补贴家用，自 2014 年 11 月起从周边农户手中收购玉米，2015 年底被群众举报，因无证收购玉米被工商局等相关部门查获。2016 年 4 月，巴彦淖尔市临河区人民法院作出刑事判决，认定王某某犯非法经营罪，判处有期徒刑一年，缓刑二年，并处罚金两万元。此事引起社会广泛关注，引发了公众对粮食收购制度的讨论。2016 年 12 月，最高人民法院作出再审判决，2017 年 2 月，巴彦淖尔市中级人民法院再审过程中，控辩双方一致认为，王某某的行为虽然违反当时的行政法规，但不具备与非法经营行为相当的社会危害性和刑事处罚必要性，不构成非法经营罪。新版《粮食收购资格审核管理办法》已明确规定，农民、粮食经纪人、农贸市场粮食交易者等从事粮食收购活动，无需办理粮食收购资格。

多数人认为王某某的行为对市场有益无害，于情于理均不应对王某某进行刑法制裁。但是从法律基础来看，王某某违反《粮食流通管理条例》确凿无疑。2004 年出台的《粮食流通管理条例》对粮食流通活动做出了详细的规定。其中，第二十条、第二十一条和第三十一条对从事粮食收购活动的经营者条件、经营管理规定和日常事务等做出了规定。2009 年 5 月开始实施的《内蒙古自治区粮食流通管理办法》，在国家条例的基础上，提出了更高的要求，例如：要求个体工商户注册资金 3 万元以上；拥有或者通过租借的仓库容量在 2 万千克以上；具有专职或者兼职的有相应资格的粮食质量检验员、保管员和统计员等。图 3 - 3 对政府主管部门的准入规定进行了整理。

王某某粮食收购案折射出的是一般性和特殊性在经济主体选择上的差异。旧制度中每一个粮食收购者都是同质的，为了形成差别，需要设定各种门槛以筛选出最优秀的一部分。有些条件是为了保证粮食收储质量，具有存在的必要性；有些条件的作用仅限于找出"有实力"的人，虽有一定作用，但弊大于利；还有的条件则是对历史遗留问题的继承，已经失去存在的价值，只能徒增交易成本。例如，粮食收购凭证制度在全国范围内并没有统一的规范标准。

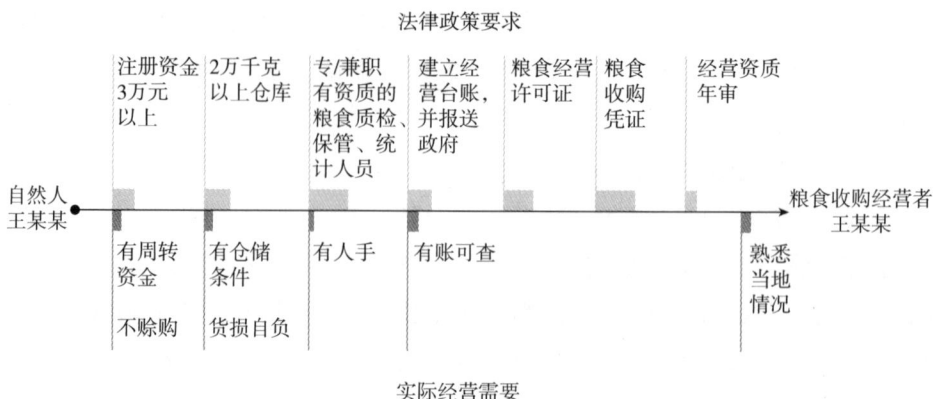

图 3 - 3　粮食收购经营者资质门槛示意图

注：色块大小表示实现该要求的难度，色块越大难度越大。

　　王某某在不满足旧政策条件的情况下，能够长期活跃在粮食收储市场，证明其能够为粮食生产者提供有益的服务。从实际经营需要的特征与法律政策要求的特征来看，王某某的突出优势在于，其长年累月在周边进行粮食瓜果的收购和贩卖，对周边情况非常熟悉，对不同农户的粮食品种、晾晒质量的掌握，可能超出了专业的质检员。此外，其与农户之间经过多年交流，已经形成了信任关系，沟通交流更顺畅。虽然一般性政策的目的是减少经济时空的不确定性，建立良好的秩序，但是王某某对于特殊时空的信息掌握和关系把控已经远远超出了一般性政策的要求。

　　经济组织的门槛应该是：在一个限定范围的时空内，具有组织资源从事经济活动的意愿和能力。企业家是："能够专门发现每一行动之不确定性的行动人。……每一个行动都镶嵌在时间长河之中，因而必然具有投机性。"企业家存在于一个不确定的世界里，他的一切行动都是基于对可能结果的预期，而非对未来的了解。对具体时空的嵌入程度越高，其经济活动的针对性就越强，也就越可能为特定的需求者提供特定的产品和服务。好的供给组织是对限定时间和空间范围内，需求者场景最为熟悉的局内人。依据个人的价值取向，在严格自愿的基础上自由地使用资源，不通过强制力或受强制力约束地自由择业、经营和交易。正如《世界人权宣言》所言：每个人，作为社会的一员，有权享受社会保障，并有权享受他的个人尊严和人格的自由发展所必需的经济、社会和文化方面各种权利的实现。

经济因素在社会发展中属于快变量，而法律和政策等则属于慢变量。尤其是法律，在现代国家体制中具有最高的权威性，是全体公民必须无条件服从的准则，无差别地适用于全体公民，在程序上需要经过严格的立法程序才能生效。大量商业案例折射出经济要素与社会体制之间一般与特殊、规范与行为、快变量与慢变量之间的矛盾。但是显然，法律并不能完全与经济社会发展的需要合上节拍，而且法律作为基础规则，要求来源于实践，并指导实践，需要理论与实践的多次相互印证才能确定相对稳定的立法原则，因此几乎不可避免地存在滞后性。

四、特定时空中的平台匹配方式

本部分从平台商业模式的发展入手，对平台化匹配进行特征概括，并界定出其与普通价格机制的差异，对其协调特定供需的手段进行研究，并最终落脚到经济要素与经济秩序的层面。

在特定时空背景下，个体异质需求与分布式供给的有限衔接和匹配成为限制市场机制作用的重要瓶颈。从上至下的指令式的计划经济显然不能满足需求，而传统供需均衡框架中价格—数量分析不能反映供需在特征上的关系，而无政府主义的完全自由经济主张只会加剧多样性要素间的混乱性。需要从匹配的角度重新考虑特定时空中的供需问题。匹配是人类社会最基本的关系之一，不仅存在于经济活动中，也是社会活动乃至自然世界的重要内容。荣朝和等（2017）认为，匹配是指在一定场域范围内供需两侧对象之间遵照相应条件或目标，并根据信息引导克服时空阻隔建立相对稳定互动及配对关系的过程。匹配的具体实现方式多种多样，在新经济发展形态下，平台匹配起到的作用越来越突出。"互联网＋"以平台为核心重组产业生态，通过数字化、连接和精准匹配实现了市场的重新塑造。匹配研究已经在劳动就业市场中形成了丰硕的研究成果，对择校、就业、择偶等小规模选择市场也有大量的研究，这些研究的重点包括具体匹配函数的设定以及机制设计理论等，在平台主导的匹配机制方面研究还比较少。

（一）平台商业模式的发展

广义上的平台是指提供商品/服务匹配的开放型经济组织。狭义上的平台是指基于互联网信息技术、以中间层组织身份为供需方产品或服务的匹配提供信息服务的经济组织。我们生活的每一个角落几乎都能发现平台经济的存在，服务型行业已经面临全面的平台化变革，更加倚重基础设施和固定资产的传统行业，也逐步地进行着利润点转移下的生产模式变革，组织的虚拟化、渠道扁平化、生产定向化都是其中的重要特征。

20 世纪中后期以金融、能源、地产为代表的商业热点逐渐向更具个性化、差异化、多样化的互联网服务型产业过渡，其中平台服务型企业表现尤为突出。从受资本市场青睐的典型企业的变化，可以清楚地洞察时代的主流趋势是什么。2017 年 4 月，中国最大的互联网综合服务商腾讯公司市值升至 2790 亿美元，成为全球第十大市值公司。至此全球市值最高的前十家公司中，互联网科技公司独占六席。前四名分别是苹果、Alphabet、微软和亚马逊，Facebook 和腾讯分列第六和第十。而这些企业都是典型的互联网平台企业，提供平台化的产品或服务。

腾讯的平台户转型非常具有代表性。腾讯以即时通信服务起家，QQ 月活跃账户为 8 亿元左右，微信月活跃账户达到 10 亿元[①]。腾讯在早期的发展中，在社交、游戏、支付等领域通过"复制创意"加"流量碾压"的方式开疆拓土，成为中小互联网企业绕不开的大山，甚至有人称"被腾讯盯上的领域，其他企业都没有活路"。2010 年 12 月，腾讯宣布全面战略转型，建成开放平台成为最重要的目标。随着开放平台战略的不断加深，腾讯将优质的技术支撑体系、庞大的用户信息资源等提供给社会公众，为中小创业者和创业公司提供了出海的大船。借助开放平台战略，腾讯整体的创新效率得到系统性提升，核心竞争能力也不断加强。

随着互联网经济在商业实践中不断成熟并与传统产业融合协同发展，"互联网＋"上升到国家战略层面，平台经济成为推动技术进步、效率提升和组织变革，提升实体经济创新力和生产力的重要力量。平台经济是知识经济时代组织方式的重大创新，在不增加交易成本的同时，调动了市场多样化资源并进行匹配。平台经济已经遍及我们生活的方方面面，大量富有活力的优秀平台不断涌现。

---

① 资料来源：https：//www.ithome.com/html/it/377040.htm。

在新闻传媒行业，以微博和 Twitter 为代表的新平台不仅对传统纸质媒体形成了颠覆性的冲击，也对互联网世界中非平台型的门户网站等形成了巨大的影响。这种分享实时信息的广播式社交网络平台，建立了一个遍布全球各个角落，全天候不间断运作的"新闻"采集、整理、发布、传播的新媒体平台。截至2017 年 12 月，Twitter 活跃用户数量达到 3.3 亿人。如果将 Twitter 当作一个家，月度活跃用户算作该国国民，那么 Twitter 是仅次于中国和印度的世界第三人口大国，从信息发布量上看，每天经由 Twitter 发布的各类消息就达到了 5 亿条。Twitter 已经成为最活跃、最开放的实时新闻生产平台，在 2016 年美国总统选举日，Twitter 发布了超过 4000 万条相关的推文消息。在教育领域，在线的开放教育平台不断涌现。从学前教育到大学教育，从基础教育到专业教育，从技能培训到考试辅导，教育的各个方面都发生了很大的改变。越来越多的人可以突破时间和空间的约束，随时随地享受优质的教育服务。Coursera、Udacity、edX 和 Khan Academy 等都是近年来成立并得到迅速发展的在线公开课平台。以 2012 年成立的 Coursera 为例，截至 2018 年 6 月，Coursera 注册用户达到 3300 万人，上线了2400 多门课程，而整个公司仅有 280 名员工。

除此之外，我们生活的每一个角落几乎都能发现平台经济的存在，服务型行业已经面临全面的平台化变革，线上购物、寻医问诊、法律援助、公益捐助等行业都出现了大大小小不同类型的平台。从中国互联网协会、工业和信息化部信息中心发布的"中国互联网企业 100 强"榜单来看，前 12 家全部为平台企业，直接提供平台型产品或服务。可以说，平台化已经成为互联网经济中最可行、最有效的商业选择。

平台模式并没有严格清晰的边界，只是具有某些特征的商业活动的集合。因此，平台性之间有差别，存在平台性较强的商业模式和平台性较弱的商业模式。平台的描述性特征在经济方面的表现如下：

（1）跨边网络经济性。受众之间因共用平台而产生的竞争性比较弱。网络效应下，随着新的产品和服务使用者的增加，原有产品和服务使用者的效益反而增加，平台内同质的主体之间隐形的合作关系大于竞争关系。

（2）阶梯跃升总成本与零边际成本。通道具有较强的容纳量能力，从经济学角度分析，即整体的通道成本呈阶梯上升状态，在达到成本变化的临界点之前，用户数量的增加可以分担固定成本，每一新增单位的边际成本非常小，甚至接近于 0。一方面，平台以提供信息撮合为主，并不直接提供产品和有形服务，因此没有直接的物料或人工成本；另一方面，平台运营维护的成本主要包括服务器、网络带宽、存储能力等硬件能力以及经营管理成本等，两者的成本在一个量级范围内变化并不大，随着量级的跃升呈阶梯式上升状态（见图 3−4）。

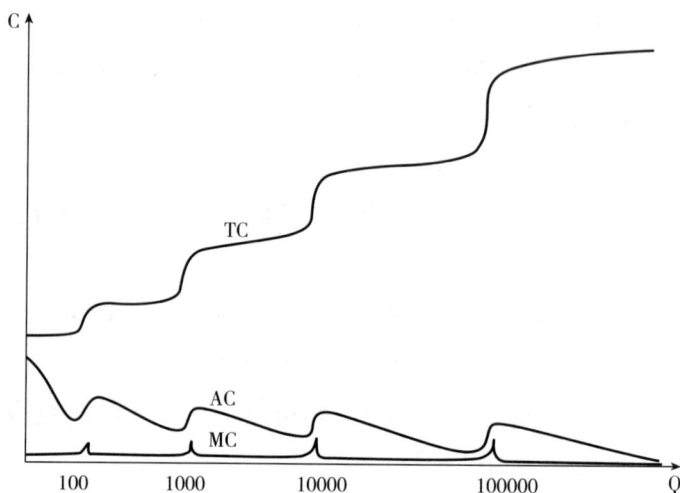

图 3−4　平台的成本特征示意图

（3）普遍服务特征。平台在空间上广泛覆盖、在时间上连续运行。终端密度高，在一定的空间范围内覆盖面广。平台对服务对象不设歧视条件，进入和退出自由，门槛较低。平台提供的服务多与大众日常需求具有紧密的联系，或者将原先服务于特定少数人群的业务拓展到普通用户中，因此受众面非常广。传统经济运行模式下，具有较高进入门槛限定或管制的行业，往往能够产生颠覆式创新的"互联网＋"平台。

（4）自组织特征。平台与传统商业模式中的经济组织相比，自组织特征更加明显。用户的增长多依靠口碑营销，而且这种效应随用户数量的增长自我加强。平台管理者在功能的调整升级中并没有规划优势，更多依赖用户的趋势性特征。此外，平台是一种限定内容和群体的小规模市场选择机制，通过用户产生评价等可以保证平台健康成长，避免劣币驱逐良币等现象。

平台以互联网为依托，大大降低了时间和空间的隔绝阻断影响。平台本身不生产产品，但可以为两类或多种类型的消费者提供产品，促成双方或多方供求之间的交易，收取恰当的费用或赚取差价而获得收益。价值共创理论将顾客与服务提供者进行接触而发生的相互影响、相互作用称作价值遭遇，钱德勒（1962）认为，价值遭遇就是互动空间，参与者在这个空间中相遇并从每个人带来的资源中获取价值，这与时空经济分析中的场域观点非常相近，经济时空场域是人们在一定时空范围内进行实物、信息、价值交换、交易或实施影响的特定模式。平台作用的核心，就是在互联网信息技术的基础上，构建特定供给和需求匹配的时空经济场域。平台的场域与传统经济交易的场域相比，时空阻隔造成的交易成本大大降低，供需两端可以建立直接的互动关系，平台主导的规则和秩序明确可见，因此匹配也更加精准地贴近经济主体的价值诉求。

（二）平台匹配的特征研究

1. 平台匹配的发展

平台型的匹配具有悠久的历史，并随着互联网经济和知识经济的发展出现复苏的态势。最早的集市制度就是一种平台型匹配机制，人们在村庄或城市中人流量最大的地点展示自己的剩余产品并谋求交易。最早发挥平台功能的是水井、寺庙等实物建筑，但这种匹配平台发挥的作用有限，一方面，空间上水井、寺庙吸引的人群限于一小部分固定群体；另一方面，更快完成匹配需要交易一致同步的时间场景。随着人类活动区域的拓展，货币和信用制度的建立，很快自带"交易时空"的专业化游商、坐商等出现。促进实物匹配的平台功能淡化，但也没有完全退出市场。

平台型匹配的再次繁荣出现在 20 世纪 60 年代，以沃尔玛为代表的廉价全品类超市出现，消费者购物量大增的同时，越来越多的供应商开始重视这个大流量平台。大型超市的利润点也发生转移，由传统自采自销、低买高卖的模式变成供货商提供商品展示和推销的场所，将盈利点转移到入场费、促销费等各种服务上。从表面来看，这类大型超市仍然属于流通业中的商品零售类企业，但实质上已经转型成为会聚人气并提供信息的"广告公司"。超市的崛起与战后物质生产系统快速发展、市场整体供过于求的背景有关。消费者购买能力提升的同时，生产商利润率却在下降。增加产品品类、提供更好的消费服务成为经济系统"服务化"转向的趋势。

进入互联网经济时代，平台借助信息技术的支撑，在市场匹配中实现了新的功能升级。平台在现代经济系统中越来越重要，成为引领新经济时代的重要经济组织（Roson，2005）。一方面，匹配的范围突破了时间和空间的限制，所调节的时空尺度大大拓展；另一方面，匹配更加精准地实现了需求者和供给者的交易诉求，提供点对点的匹配。有人甚至将平台经济与大数据技术的结合视作"计划经济"在未来的实现方式。平台匹配是一种容纳多样性要素，并通过有形的、非强权的秩序规则来维持的市场调节机制，其功能基础还是市场经济的底层：要素流动自由、决策自由和行动自由。

2. 平台匹配的描述性特征

作为匹配机制的一种表现形式，平台型匹配具有的独特特征包括：

（1）有形的、具体的中间层匹配。与"看不见的手"不同，平台是看得见的，有具体组织形式的经济实体，平台可能是企业形式，也可能是服务系统的形式。平台组织一般并不直接提供面向消费者的终端产品，而是通过平台的信息汇集、处理和分配功能调动第三方资源提供服务，扮演了为供需双方提供更加便利的交易舞台的角色，为众多的差异性提供低成本、快速的匹配交易。好的平台不会提供与平台参与者功能相同的服务，否则平台的中立性就会受到影响从而背离平台匹配的初衷。

（2）面向消费的双边匹配。在服务经济时代，多数平台都侧重于消费端。平台的匹配不是盲目的、遍历式的匹配，更多情况下，是按照需求者的特征，在供给端寻找或者直接刺激供给端创造与之相匹配的产品或服务。从时空经济的角度看，提供个性化的供给对应的是成本的增加，与规模经济的规律相冲突；满足个性化的需求对应的却是价值的增加，而且随着个体经济主张增强和消费能力升级，价值挖掘和价值提升还将不断地持续下去。因此，平台双边服务必须立足于消费端。

（3）非强制性有序规则匹配。平台规则建立在平台生态中不同主体的一致共识的基础上。平台秩序也并非一成不变，而是随着平台发展中要素间的关系进行相应的调整，保证其适配性。平台匹配规则具有柔性个体的制度特征。规则具有的权力越大，就越容易被人为控制，进而影响平台的自生性。同时，强规则对平台赖以生存的双边互动而言，首要任务是减少互动的障碍，其次才是提高互动的质量。

从匹配的结果来看，互联网平台重塑了供需双方的物信关系场景。物信关系是理解现实世界的基本概念，也是洞察未来人类社会发展方向的重要标尺。工业领域的 CPS 概念已经从理论探讨阶段进入标准化操作阶段。信息物理系统（Cyber - Physical Systems，CPS）最早由 Helen Gil 提出，其认为 CPS 是融合计算和物理能力，通过多种方式与人类实现互动的新系统。CPS 概念很快被学术界和实业界接受，成为各国政府布局下一轮产业革命竞争的关键概念。Ten 等（2010）建立了 3C 模型来描述信息世界、网络世界和物理世界之间的作用关系。从本质上讲，CPS 关注的是物理世界的系统控制问题，着眼于建立网络化、智能化的人—物互动关系。工业领域的物信研究将信息嵌入到控制系统中，对两者"提取数据"并建立"数据交互关系"非常重视，在实际操作层面做出了很多的创新，但是忽视了平台化的经济组织方式在物信关系重构中发挥的作用。从技术演进的特征来看，数字化、网络化、智能化是物信关系重构中的三大主要趋势，分别对应：让信息脱离物质传输和使用、让信息间建立联系增加协同价值、让信息发掘规律指导物质世界。市场组织和市场规则的演进方面，组织重构的时间尺度和空间尺度不断扩大，同时微观的时空精度在提高，维系物信关系重构的组织由强权组织向平权组织过渡，权力安排由自上至下的行政指导向自下至上的经济引导过渡，物信关系的可靠性由显性的法律合同安排向隐性的互惠合作过渡。

物信关系重构包括物信分离和物信协同两大方面。分离包括：纵向上的环节、流程的分离；横向上的功能单元细化与聚焦。协同则表现在"人""物""信息"三者在时间跨度和空间跨度上的协调。经济层面上的物信匹配，简单来说就是合适的人在合适的时间和地点，通过合适的信息引导，进行合适的产品与服务生产、流通和消费等经济活动。平台在物信关系重构中发挥的作用可以概括为两点：①平台促进了基于个体时空安排的分工与协作，进而实现物信分离的精细化；②平台通过居间信息引导供需匹配，实现物信协同的广泛化。

3. 平台匹配与价格匹配

匹配机制与价格机制并不是完全的替代关系，价格是实现匹配的方式之一，也是现代经济系统中最为重要的匹配实现机制。价格是供给和需求两大部门之间建立互动关系的主要方式，不少经济学家都将供需—价格关系作为经济学的内核。价格机制表现为价格形成和价格调节两种路径：第一，市场供需力量的对比可以形成均衡的价格，或者说价格反映了供需市场所有的信息；第二，价格信号可以调节供给者和需求者的经济行为，从而发挥调配资源的功能。价格机制显然是最为重要的匹配方式。除价格机制以外，供需双方互动的实际方式更加多样化，如物物交换、权力安排、排队、偶遇、博弈、小规模机制设计等，这些不同的互动方式具有共同的经济追求，即建立供需双方的匹配关系。从概念上来看，匹配、交易和价格机制三者之间是逐级深入的。交易是主观能动性更强、交易方对自身及对手进行评估和预判，并经谈判协商后形成的匹配；价格机制则隐含了价格反映市场全局供需力量对比的条件。相比较而言，匹配的条件最为宽松，使用的范围也更广。

价格机制的强大解释能力在完全竞争市场中表现突出。完全竞争市场是经济学经典分析中假设的一类市场，在这类市场中有无数的供给者和需求者，而且供给者和需求者都非常分散。产品之间并没有显著的差异，可以认为是同质的。价格机制在自由竞争的市场供需匹配中发挥了重要的作用。因为粮食之间几乎没有差异，没有人为的力量可以控制市场的价格和产量，人们往往经常将粮食市场作为完全自由竞争市场的例证，并以此解释供求均衡机制。这一经济学"基本常识"是否成立？本书以电商平台大米在线销售情况为例加以验证。本书收集了2016年底阿里巴巴集团旗下天猫超市、天猫商城、淘宝网三大电商平台的大米销售情况，并从产品描述、店铺特征两个维度考察价格和销量的关系（见图3-5）。

从销量前183家店铺的情况来看，绝大多数店铺都努力发掘自身存在的独有特征，以期获得差异化的竞争优势。仅从大米的时间、空间特征角度出发，也可以发现大米这种日常商品在时空上的差异性。例如，61%的店铺打出"新米"或者"当季米"的概念，80%、29%和39%的店铺在空间上做文章，使用了"东北""黑龙江""五常"标签。一家店铺将商品名称定为"2016新米东北大米农家蟹田绿色种植10kg20斤包邮胜黑龙江五常稻花"，覆盖了七个概念。网上大米销售市场也并没有出现价格相对一致的"均衡"状态，反而呈现出非常大的分异。单价最低的为3.48元/千克，价格最高的达到33.6元/千克，相差10倍左右。6~8元/千克范围销量相对比较集中，但是累积销量也仅占总销量的42%。从商品购买转化率（累积评价/收藏量）来看，阿里巴巴自营的天猫超市具有明显的优势，而以个体销售者为主的淘宝店，转化率和销量都比较小。从网上大米的销售情况来看，粮食产品具有较大的差异性，无论是价格形成，还是厂商竞争都不具有完全竞争市场的特征。

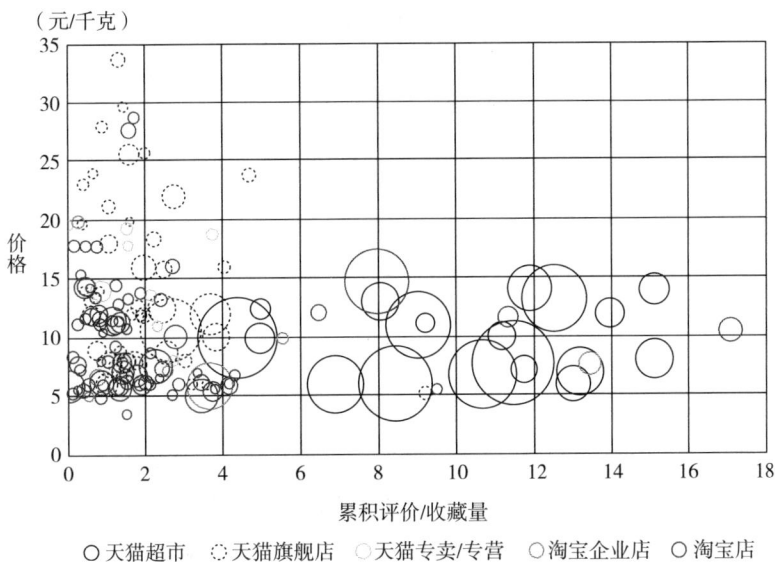

图 3-5 阿里巴巴电商平台大米销售情况

资料来源：根据阿里指数数据整理得到。

价格中性是价格机制起作用的重要假设。会不会存在超越供需客观力量的主体或势力控制价格，或者市场本身培育出增加交易成本的环节，由此导致价格机制失效，是经济学中的重要争议问题。2013 年，中央电视台报道了乌兰察布马铃薯绕道山东再进京的消息。内蒙古乌兰察布是"中国马铃薯之都"，该地生产的马铃薯品质高，是中国农产品地理标志保护产品。北京作为马铃薯重要的消费地，距离乌兰察布市仅有 350 公里。但是乌兰察布的土豆需要绕道 820 公里以外的山东省寿光市，然后再运到北京，迂回距离接近 1000 公里。土豆地头收购价大约 0.7 元/千克，到北京超市的终端价格已经达到 3 元/千克，翻了 4 倍还多。

土豆为什么需要绕道寿光？因为寿光市是中国最大的蔬菜批发市场，具有完善的农产品集散渠道和仓储、物流、初加工产业体系，已经成为中国北方地区农产品价格形成中心。从乌兰察布直接进京的马铃薯虽然价格便宜，但是不能接触到大的流通渠道商，因此销售速度慢，造成人工费、摊位费以及损耗的增加。价格的形成被中心化的农产品交易市场影响，并不能反映市场供需的真实情况。直接进京的低价土豆与大型农产品流通市场的高价土豆存在较大的价格差，但是这种价差并没有调动市场主体去竞争逐利。价格的匹配并没有完全发挥好调节作用。从信息经济学的角度来看，由于个体具有隐藏自己信息的动机，同时市场上公开的信息又不能被个体完全洞察，不同主体对信息的利用程度也不同，从信息到决策再到行动也具有各种不可控因素。因此，价格并不能完全反映市场的全貌，个体参照价格行动也存在很多变数。

通过两个反例的分析可以发现，理论分析中标准的、规范的完全竞争市场在现实中很难找到对应的例子，价格调节市场的作用也不尽完美。根源在于现实世界不存在完全同质的产品市场，考虑到消费者在特定时空环境下的主观个体偏好，可以说产品的异质性是绝对的。从范畴更大的匹配机制来看，可以较好地解决这两个问题。首先，匹配分析可以允许消费者和供给者保持自身独有的特征，包括供需特征；其次，匹配的调节方式更加多样化，相比"全知全能"的价格机制更具有现实性。

从匹配的视角看，传统的供需—价格理论主要集中在量的讨论上。供给量和需求量的对比形成价格，任意一方量的变动都会造成价格相应的变动；同理，价格的上涨或下跌也会造成需求端和供给端同时出现量的调整，然后量价互动，实现新的均衡。也就是说，供需框架中的价格匹配关注的是一般性层面上的匹配，对特殊存在的个体进行了"标准化"处理。

价格机制关注的重点是"量"的匹配，一个市场实现的供给与需求的对接量越大，表明这个市场中的价格机制发挥的作用越好，市场越有效。但是从更宽泛的匹配角度看，除了量的匹配，"类"的匹配也非常重要。任何需求都是发生在一个特定的时空环境中，出发点都是需求者对所需物品或服务的主观价值判断和感受。同理，供给主体在提供产品的功用时，也包含了这种特定时空视角，市场上的产品几乎都是异质的，服务性产品的异质性非常明显，大规模工业化生产的产品异质性则相对较弱。

图3-6展示了经济社会发展中，"类的匹配"与"量的匹配"的大致关系。在生产力不发达的早期阶段（AB），更多的是类的匹配，以物易物是最典型的类的匹配。一个需要盐的猎人，最希望找到一个需要肉食的晒盐人；除此之外，一

个需要肉食的农民，或者一个需要刀具的晒盐人对猎人来说都是无用的。如果部落间交流较少，或者缺乏集市等交流制度，那么量的匹配能发挥的作用很小。在经济系统的发育期（BC），个人产出能力提高的同时，需求也在不断增长，量的匹配与类的匹配同步增加，市场逐步健全起来，物质间交流更加频繁，但是经济系统整体的发展壮大步伐依然很慢。经济系统在外在的技术、制度等因素推动下，逐步进入物质生产快速发展阶段（CD）。大规模生产背景下，规模经济效应显现，大量资源集中到市场重点产品的生产上，主要产品的产量快速扩张，在资源有限的背景下，产品的类型反而会受到约束。当量的扩张到一定程度，进行多样性生产的条件成熟，且消费者诉求更加个性化之后，类的匹配才会逐步回升。随后，经济系统进入调整期（DE），典型表现为产能无限扩张的趋势被遏制，产能过剩危机爆发并逐步进入去产能通道，面向消费者的定制化生产等逐步回升。调整结束后，经济系统进入协调期（EF），以需求响应为核心，追求高附加值的灵活生产方式出现，类的匹配发挥了更大的作用。

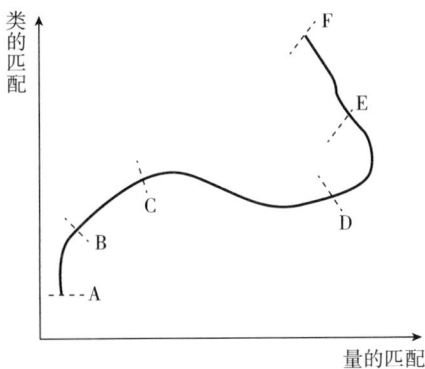

图3-6 经济发展过程中"类的匹配"与"量的匹配"示意图

工业革命催生了物质生产的大繁荣，随着居民生活水平的提高，精神消费的需求增加。如何让特定的需求和特定的供给进行特征配对，是经济分析应该考虑的新的重大问题。从市场的角度来看，一个市场中差异化的供给和需求在"类"的范畴上越丰富，则实现匹配的可能性越高，特定时空的个别性越能够得到满足。

（三）平台匹配与汰劣机制

市场机制和生物系统一样遵循"适者生存"的规则，选择机制表现为"择优汰劣"。"优"或"劣"是通过结果反映的，但在研究中一般基于历史经验或者逻辑推理进行先验的判断。在不同的市场中，择优和汰劣哪一种方式发挥主导作用不尽相同。传统经济学在经济组织的研究中，采用了"择优"的分析倾向。在某一个特定行业或者区域内，具有相对优秀资源或能力的经济主体，才能成为合格的经济组织。

理论上，"利润最大化"原则是厂商行为理论的核心假设，理性经济人假设也假定个人和经济组织以自己最小的成本去获得最大的经济利益。该假设最早可以追溯到亚当·斯密在《国富论》中对企业的描述。布坎南、奈特、拉赫曼、洛斯比、沙克尔等研究不确定性与经济决策的经济学大家，普遍认同个人和企业没有能力掌握市场的全部信息、预测未来的一切，因此是很难做出利润最大化决策的。蒙德尔、迈万斯等认为，不能把追求利润最大化作为一切企业目标的假定。"某些厂商的首要目标不是实现利润最大化，而是使其销售额、工人数目及所有者声望最大化。"该学派虽然质疑利润最大化作为企业唯一标准的规定，但是并没有从根本上否定它。针对质疑，阿诺德从短期目标和长期目标的角度进行了辩护，他认为企业短期内可能不追求利润最大化，但是长期内一定是向着利润最大化的目标发展的。一些偏重实证研究的学者则提出新的解释，例如：鲍莫尔认为，销售最大化是企业追逐的目标；博勒和米恩斯则认为，两权分离状态下企业行为具有短期化特征；此外，还有西蒙的"有限理性"和"满意原则"，威廉姆森的支出偏好理论，马里斯的支出最大化理论。虽然如此，绝大多数经济学家依然在捍卫利润最大化原则的基础地位，例如，拉特斯就将"利润最大化"作为经济学的硬核。

在众多批判利润最大化的学者中，阿尔钦的"生存利润"思想非常具有借鉴性。阿尔钦认为，在不确定的环境下，企业根本无法预测均衡的状态，而且每一个行为的结果是一个分布，"最大化"无从谈起，存在相对幸运的条件即可生存，而生存下来就是成功的。经济系统在一轮又一轮的筛选之后，选出一部分成功者，这部分成功者普遍具有什么特征，我们才能后知后觉地说什么特征容易导致成功。个人的决策和行动是第一因或无因之因。进一步地，我们可以将生存利润假设继续放宽，组织和个体只要是"趋利避害"的就是合格的经济主体。趋利避害的尺度不同决定了经济主体能否在经济竞争中取胜。横向空间上，趋利避害能力相对较强的、能适应更多样空间环境的主体，不被淘汰的可能较大。纵向上，自身具有的特征，以及通过与环境交互培养出来的新特征，越能够经受足够长的竞争轮次，就越可能获得成功。

理论之外，现实经济世界也是以"择优"作为主要的组织筛选手段。举例来说，证券分析行业是典型的知识密集型行业，缜密的逻辑和广泛可靠的信息是完成优秀投资报告的基础。如何成为一名优秀的证券分析师？首先需要系统学习证券从业的理论知识，通过考试获得证券从业资格证，然后找到一家经证监会核准允许开展证券投资分析业务的证券公司。证券公司会对拟从业人员进行筛选，如果是应届学生，则需要考虑毕业院校的档次和所学的专业、在校期间参加的社会活动和类似实习经验、是否获得奖学金以及各类竞争奖励、是否通过四六级考试等。少许幸运者通过面试资格的筛查，然后进行人事部门面试、部门面试、公司面试等，最后幸运通过之后，还需要体检、政治审查等。在这样优中选优的层层筛选中，大量的流程都是在寻找"优秀的人"，而不是"具有优秀证券研究潜力的人"。如果市场供给出现不足，就减少若干筛查标准；等市场供给过剩时，再增加几项条件。绝大多数情况下，多一道门槛总不会错。

汰劣的方式则要简单得多。如前所述，经济组织的门槛是在一个限定范围的时空内，具有组织资源从事生产活动的意愿和能力。汰劣机制就是对上述经济组织具备的特征进行评判，看是否与其拟从事的生产经营活动或者公众利益间相冲突，并将存在有害特征的主体剔除出市场（见图3-7）。汰劣虽然并不重点关注什么样的要素是优秀的，却是择优的重要基础。

再回到证券分析师的例子中，一个人即使没有高等学校学习的经历、没有经过专门的金融训练，但是由于个人对某一行业比较熟悉，对该行业上市公司的发展经营情况有远超出一般人的了解，又愿意将自己的见解分享给别人，就完全可以胜任对部分上市公司进行投资价值的分析。事实上，互联网平台已经有类似的实践，如雪球网。雪球网是一个开放的股票投资者交流论坛，任何人都可以根据自己的知识和信息发表投资见解，有很多草根通过雪球网成为大V，其专业程度甚至远超专业证券分析师。汰劣机制只需要看分析师是否具有误导投资者的行为，是否存在抄袭别人观点的行为，是否通过内幕消费非法获利等。一旦识别出这些有害市场的特征，立马将其淘汰出局，而没有这些"劣"特征的人，都可以留在平台，将个人掌握的特定时空知识、信息转化为类似于证券投资报告的言论，并通过开放的网络空间传递给任何接入平台的人。

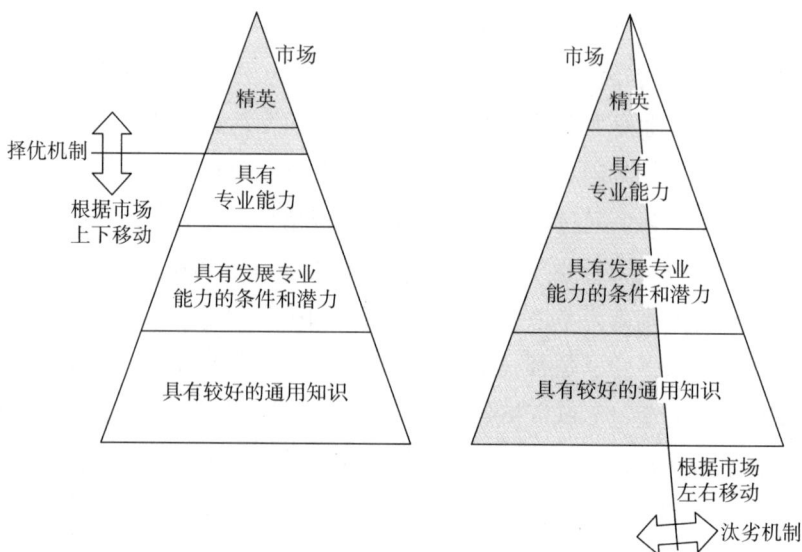

图 3-7　择优机制与汰劣机制的对比分析

一般时空追求的是稳定可控的关系，市场中需求、供给和产品同质的情况下，一般时空更可控。①择优对市场中主体进行筛选，从上至下选择最优秀的，并根据市场供给情况上下浮动选择条件，调节进入市场的要素、主体的数量。②择优机制倾向于选择全面"优秀"的个体，反而可能会在具体的特征上与需求产生扭曲。③择优追求的是稳定的时空关系，因此对个人的职业身份、组织的资质等都增加了层层约束，圈定了明确的边界，相互间关系稳定，但维持这种稳定关系的成本也更高。

特定时空追求的是灵活高效的匹配，市场中需求、供给和产品都是异质的。汰劣机制设定较低的门槛容纳足够多特征各异的要素，然后根据要素特征将不符合经济系统要求的个体清退出去。汰劣的条件更宽松、选择空间更大、调节方式更灵活。汰劣机制为什么更重要？因为其保留绝大多数主体，维护市场多样性，平台可以基于此进行广泛的特征匹配。它是保证差异化、个体化的分散需求尽可能得到满足的基础，是保证分布式供给被调动起来发挥作用的重要保障。从一定程度上讲，汰劣机制越完善，则市场机制越简单，对外来强制力加以规范的诉求也越少，越接近理想的有序、自由市场状态。

（四）要素与秩序间两难冲突

秩序和要素是经济学分析中两个非常重要的问题，秩序和要素之间存在两难冲突。没有任何一种市场机制可以轻易克服"维护市场强秩序"与"保持市场多要素"之间的两者冲突。这种冲突反映了经济学研究在一般性与特殊性问题取舍时的困境。平台作为一种匹配机制，其核心精神也是调节或缓和秩序与要素之间的冲突。

1. 要素间的竞争互补关系

经济要素的多寡对经济表现的影响并非线性的。要素间的竞争性是主流经济学基本达成一致的观点，也是供需—价格机制成立的基本假设，此处不再赘述。一般认为，同类别要素间只有竞争性，跨类别要素间才有互补性。考虑要素的异质性和个体性特征，同类别要素间也存在互补性。例如，存在网络外部性的社交媒体中，使用该服务的人越多，参与者与亲朋或陌生人沟通的机会就越多，整体收益也越大。在消费—需求者身份合一的集邮市场中，某一特定品种邮票的收藏者越多，整个市场的交易越活跃，收藏品也越容易升值，对于每一个参与者来说，增加后来者是乐见其成的。即使在差异性并不显著的制成品市场，互补性也是存在的。例如，易瑞沙、格列卫等特种重疾进口药，因为国内患者少、需求小，鲜有厂家愿意生产，愿意长期投资并追踪研究的更少。因此，在达到药厂研发和生产决策所需的市场规模之前，需求者之间并不存在竞争关系。

考虑要素数量对要素间关系的影响，当要素较少时，要素间关系是简单的，维护有序的秩序相对比较容易。但是当要素较多时，相互间关系就会更加复杂。一方面，影响全局的有害要素更容易出现，在自由竞争的环境下，有害要素是信息不对称的获益者，在价格上占优势，容易产生劣币驱逐良币现象，因此对全局的危害更大。另一方面，随着要素数量的增加，同质的要素间会形成竞争关系，良性的竞争会提高社会的整体福利，恶性的竞争则会扰乱市场秩序，甚至直接造成行业的衰落。

2. 秩序的形式与表现

秩序是协调不同要素间关系的外在约束，旨在建立一种相对稳定的关系来实现或维护某种利益倾向。从表现形式来看，包括有形的秩序和无形的秩序；从秩序的来源看，包括内在的秩序和外加的秩序；从秩序的约束性看，包括强制的秩序和自发的秩序。

在经济学领域，秩序的两个极端表现就是计划经济和完全放任的自由经济。计划经济是有形的、外加的、强制的秩序，表现为企业生产决策和部分个人的生活消费都通过政府部门统一计划安排，以指令的形式逐级下达，并要求强制执行。计划经济实质上构成了严格条块状化、同质化的管理体制，处理的是完全一般性的时空秩序。举例来说，在计划经济体制下，一家钢厂与一家煤矿比邻，但是钢厂不能决定是否用、用多少煤矿的煤炭。煤矿的煤要先变成一个具体的数字进入计划决策者的考虑范围内，然后对这个数字进行拆分或者合并形成新的数字，下达到煤矿和钢厂，企业按这个数字安排生产计划。在这个过程中，煤的品质特征、运输成本等很难体现到抽象化的数字中，因此其特定时空特征也被抹杀了。

绝对的自由市场倡导者则认为，秩序应该是无形的、内在的、自发的，所有经济活动都可以通过个体间竞争与合作来完成，否认任何外在力量所起的作用。例如，理想的完全竞争市场，"价格"可以解决一切问题，个人无须过问价格是如何形成的，因为价格能反映一切显性或隐性的信息，按照价格反映的信号进行决策和行动不会面临任何风险。供需一定会在价格机制的调节下形成均衡，而外部环境的变化也一定在价格中得到体现，并促成新的均衡的实现。在这样的秩序安排下，绝对的价格力量过于强大，运行机制就像一个黑盒，个体的特定时空特征也很容易被抹杀掉。

当然，从现实情况来看，所有的经济发展模式都不可能仅选择一种极端模式，多数采取了有干预的市场经济。粗略地看，可以根据秩序的约束强度和是否有形，确定四层次的约束体系（见图 3-8）。国家、政党和组织严密的利益团体处于秩序的顶端，把控有形的强权力秩序，包括管制与产业调控，财税、货币制度，以及对外的贸易保护等。这些制度面向的是所有的社会公众，多数以法律法规或者国家战略等形式固定下来，具有较强的约束力，任何对立行为都将受到严厉的惩罚。第二层级的是无形强权力的经济系统，即"看不见的手"，典型表现为供需市场中的价格均衡机制。教科书中的经济学以"确凿"的假设回避了经济系统的"不确定性"。事实上，虽然人们时时刻刻都参与到经济系统中，但是没有人知道经济周期的高峰和低谷何时到来以及为何产生。金融体系的空转、房地产和互联网的泡沫对世界经济已经形成了巨大的威胁，但是从经济系统的角度来看，是再正常不过的"稀缺的资源配置到了紧缺的行业"。对经济系统的盲目崇拜已经扭曲了经济分析的基本逻辑：只要经济不崩溃，市场就是有效的；如果经济崩溃了，一定是市场发挥了调节作用。在庞大的经济系统面前，个体并没有太多选择的余地。第三层级才是具体经济活动的直接参与者——企业组织，企业组织是层级权力与自由市场力量的结合。企业间的竞争和合作行为构成了整个经济运行的基本过程。绝大多数个人都被嵌入到一个具体的企业之中，劳动契约建立了要素市场与产品市场的转换纽带，企业的层级组织对个人的能力进行识别和应用。个人的绝大部分时间、空间被企业组织以"职业"的名义圈定到全社会的时空结构中。而作为经济社会最基础的个人以及基础资源，则成为以上层级秩序的筛选对象，用脚投票来表达自己的经济主张，反而成为权力最弱的层级。

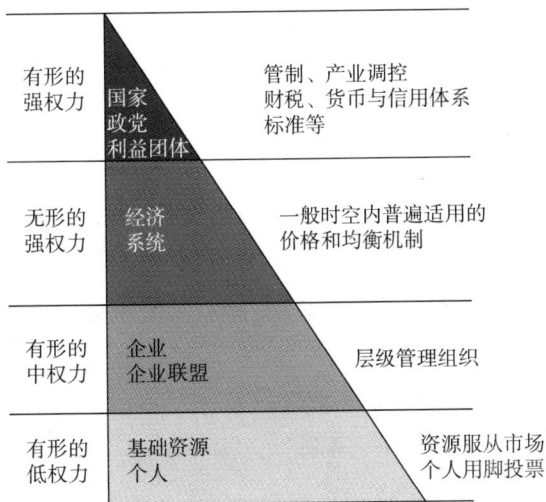

有形的 强权力	国家 政党 利益团体	管制、产业调控 财税、货币与信用体系 标准等
无形的 强权力	经济 系统	一般时空内普遍适用的 价格和均衡机制
有形的 中权力	企业 企业联盟	层级管理组织
有形的 低权力	基础资源 个人	资源服从市场 个人用脚投票

图 3-8 经济系统中的不同秩序的形式与表现

3. 要素与秩序的关系

秩序越松散，要素越多样化；要素越多样化，越要求严格的秩序加以维护。大致来看，以计划经济为代表的强权力市场，通过命令等强约束手段来维护市场秩序，但是牺牲了要素的多样性；而完全自由的市场，对要素有很强的包容能力，但是秩序性较差，因此容易产生劣币驱逐良币、敲竹杠以及弄虚作假等问题。

要素间关系表现形式的不同也对秩序的形式提出了要求。如图 3 - 9 所示，随着市场要素的数量增长，要素间呈现出由强互补性向强竞争性的转变。在 I 阶段，需要较为宽松的引导性秩序，吸引足够多的要素入场。在 II 阶段，竞争性逐渐加强，这时候就需要规范性的秩序来发挥作用。在 III 阶段，竞争性快速加强，而要素间的互补性基本饱和，造成市场出现过度竞争问题，该阶段需要具有较强权力的约束性秩序。

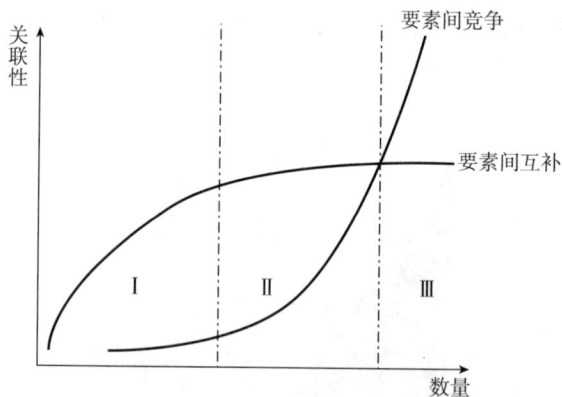

图 3 - 9 经济要素间互补、竞争关系

图 3 - 9 也适用于对不同类型市场进行分析。价格机制在 II 型市场中能够很好地发挥资源配置和调节的作用，III 型市场则需要强权力约束制度来维护市场秩序。I 型市场中，更依赖非价格的匹配方式；由于要素总量小、不具有普遍性，并不是政府调节考虑的范畴。因此，这种类型的市场需要有形的、自发的秩序来调节资源，形成合理的供需匹配关系。

规则可以调节秩序与要素间的对立关系，稳定的规则可形成制度。规则是行为准则，遵循一定的日的和原则，具有或强或弱的约束力，并有规则的制定、执行、维护等组织。规则本身是调节人与人之间的关系的，所有的规则都具有一般性倾向，好的规则应尽可能兼顾大多数主体的利益诉求。同时也应看到，个人是规则的受用者，就必然要以规则来约束自己所具有的独特的、与集体不相容的特征，所以规则也一定会对个体的特殊性造成影响。

凡勃伦认为，经济学研究的对象应该是人类经济生活借以实现的各种制度。在他看来，制度是由思想和习惯形成的，而思想和习惯又是人类本能产生的，所以制度归根结底是受本能支配的。本能树立了人类为达到这种目的所做的努力，理智则不过是达到目的的一种方法，个人和社会的行动都是受本能支配和指导的。生物界的生存竞争和优胜劣汰的规律同样适用于人类社会，制度的演进过程也就是人类的思想和习惯的自然淘汰过程，或者人类应付外界环境的心理变化过程。

过去的时空都通过一定的折叠变成一般性，累积到当下，时间越久远、空间越广泛的行为、观念和规范，折叠程度越高，普遍性越强。例如，"人在高处会感觉恐惧"可能是人类祖先从离开森林进入草原起就逐渐形成的，以基因的形式折叠到当前人类行动的基本准则中。"政府扩大公共支出有利于改善有效需求不足问题，有助于陷入萧条期的经济实现复苏。"该观点的提出仅有80年左右的时间，其一般性是通过经济学教科书和经济学科普读物固定下来、纳入个人认知体系的，仅限于经济界、政治界和一部分具有基本经济学储备的社会公众。然而"在某场荷兰式艺术品拍卖中如何制定自己的出价策略"则更多取决于拍卖者个人的偏好和分析能力，并与当时当地主体间交互关系有关。按照时空的一般性到特定性，人类行为中折叠的时空包括：基因决定的（如恐高惧水）、意识形态决定的（宗教、信仰、文化等）、制度决定的（阶级、法律等）、教育决定的（科学和知识）、市场决定的（价格、供求）、临时局部权力决定的（组织、共识体）、个体决定的（收入、喜好等）。

从历史发展的进程角度来看，人类经济社会发展经历了自然规则、暴力规则、制度文明规则，并进入到个体柔性规则阶段。①自然规则中，人类的主观能动性非常有限，秩序规则建立在朴素的、有限的认识论基础上。②随着生产力水平的发展，生产剩余出现之后，成体系和制度的人治出现，而这种规则一出现就呈现出最为强制、残酷和暴力的特点，尤其以原始宗教和战争为甚。时间上的暴力表现在一个人或阶层可以成为另一个人或阶层的私人物品，一生的时间都不能被自己掌握。空间上的表现是，为了打破不同地区物产丰裕和匮乏的先天不利因素，战争成为调节不平衡的主要手段。祭祀阶级宣称可以沟通神灵、帮助人们消除一切困厄与不幸，从精神上对人进行完全的控制，并与王权相结合，形成宏观尺度上的稳定规则。③制度文明规则：制度是一个庞大的概念，包括社会阶层之间的对立冲突关系，维系国家、行业或者利益团体的法律、政策等约束，制度的执行、监督和评判机构等都是制度经济体系的组成部分。从封建社会到信息社会崛起之前，阶层之间通过贸易、契约、文化等方式调整矛盾。不管是中央集权从上而下的分封、分权体系，还是民选党争自下而上的选举体系，个体诉求在层级传递过程中不可避免地出现遗漏、扭曲等失真问题。除了官僚体制，法律制度、财税制度甚至传媒制度等都具有强规则特征。当然，集体制度有其存在的必要性，从经济学的角度来看，绝对的自由经济无法调节公共物品供需间的矛盾；从社会学的角度看，个体的傲慢、偏见以及盲从等也普遍存在，道德约束和经济激励都不能很好地解决这一问题。④个体柔性规则一般以个体为中心。信息社会不是为个体经济时代而生，却实实在在地改变了个体参与经济的方式。信息化作用如此强大的原因就在于，个体主观的、真实的意念和行为，从时间和空间的约束中最大限度地释放出来。空间上距离造成的障碍被交通、信息、能源技术持续改进，时间上的瞬时传递也越来越容易实现。个人更多地参与到商业规则的制定和形成中。商业民主的表现是，个人的诉求可以直接传递到产品和服务提供者层面，及时响应按需供给成为必然。经济层级的扁平化和柔性化成为重要的发展趋势。个体柔性很多没有定型的表述或者明确的文本文件，公众对规则的认可建立在隐形互惠的非正式契约基础上。个体经济规则面临的主要挑战是旧制度经济遗留的时空分割，如国家贸易壁垒、中心化的交易制度、过严的监管等分割、不均衡问题。

规则和制度是为了调节社会成员之间的关系，目标是实现全社会的公平和正义。然而规则一旦与普通大众的合理需求相背离，没有适时地进行调整和改进，就会成为阻碍经济发展的不良因素，而规则本身所具有的强制性约束，也会为人所利用。

本章小结

本章以传统经济学分析中成熟的需求—供给分析框架为基础，引入特定时空分析视角，建立了注重特定时空视角的平台化供需匹配解释框架。提供一般化的具有普适性的规律是任何学科研究都积极追求的目标，经济学也不例外。本书重视的特定时空视角，将关注焦点由同质性转向异质性，由集体分析转向个体分析，由宏观时空转向微观时空。①从需求角度看，个体主观偏好决定了需求的特定性，而时空场景的不同放大了需求的特定性，表现为个体异质的分散需求。②从供给的角度看，技术进步创造了条件，使得面向消费端的分布式供给逐步发展起来。分布式供给为小型分散化终端赋权，提高了供给的灵活性和针对性。③从时空角度看，合格的经济主体是能够处理具体时空关系的个人或组织，传统经济中前置、择优的筛选机制已经不能完全适应经济发展的需要。④从平台化的匹配机制来看，平台匹配是有形的具体的中间层匹配、面向消费的双边匹配、非强制性有序规则的匹配。以汰劣为主的调节机制放松了经济理论分析中的利润最大化假设，与以择优为主的机制相比，能够最大限度地调动市场供给，通过多样化的供给满足个性化的需求。平台匹配协调了要素与秩序之间的两难冲突，通过个体柔性的规则体系引致多样性的互补资源构成平台要素基础，又规避了要素过度竞争造成的秩序混乱和经济内耗。

第四章
特定时空视角下出行服务体系研究

本章研究目的在于：①对不同出行方式的特定时空特征进行比较研究；②对出行服务中个人需求与社会供给之间的矛盾进行分析和研究；③对网约车平台在出行服务体系中的性质和功能进行定位。与传统研究惯例不同，本部分融入了一般时空和特殊时空的对比视角，对出行服务中不同交通方式进行分类，剖析其与现行管理政策存在的矛盾。此外，本部分还分析了出租车行业管制下城市机动车出行供给不足、需求被抑制，陷入管制困境的情况，并在此基础上引出了网约车的功能和性质定位，从而为网约车平台的进一步研究奠定基础。

一、基于时空经济视角的出行服务体系分析

一般讨论"交通"和"出行"时，重点强调的是其实现的空间位移的效果，货币成本和时间成本被当作约束条件来考虑。实际上"出行"是一种特殊时空结构的安排，是个人或组织为达到出行目标而在特定时空及其他约束条件下对出行事务执行顺序的计划与确认，并构建客观环境约束下最大程度满足主观价值倾向的时空转换。出行服务体系的分析中一致时空视角必须得到重视。

1. 交通出行需求中的"一般"—"特定"关系

出行时空中始终存在特定时空和一般时空的冲突。特定出行时空中个人希望在最短时间内以最少的货币支出构造与个人需求尽可能一致的运输时空，追

求个性化、精确可控。这种需求在时间上表现为在设定的时间内及时发起，快速、准时到达，尽可能减少换乘、等待等冗余时间，在空间上表现为便捷接入交通服务覆盖区，按需设计最佳线路，享有独占舒适的乘车空间等。一般出行时空并非天然存在的，而是来自大量个体特定出行时空中的共性累积。因此一般交通时空是一个尽可能涵盖多数服务对象时空特征的集合，边界并不确定。一般出行时空追求低成本、大批量地完成日常的出行时空转移，在城市交通中表现为：能够将碎片化需求进行整合，减少对城市交通基础设施资源的压力；尽可能减少交通拥堵等影响全局效率的问题；能够应对程式化的交通需求和通勤的潮汐特征；等等。

特定时空经济主体追求的是效用最大化，个人效用具有极大的主观性，时空的差异也会投射到这种主观性之中。任何产品和服务都有其特定的时空特征，而交通服务本身就是处理时空的。因人而异或者因物而异的特定时空普遍多样，因此提供单一的标准化出行服务以满足所有人是不可能的。一般时空经济主体追求的是成本最小化，对于作为具有俱乐部物品特征的出行服务来说，扩大受众群体、实现规模经济和网络经济是最重要的目标。两者之间的矛盾是始终存在的，正确认识这种矛盾要求关注特定时空——一般时空系统的性质、结构和功能特征。

以往的交通经济分析中往往认为，交通方式的选择是在货币成本和时间成本之间做出权衡。在理论和实践中，一方面都默认将"特定时空——一般时空"关系与"私人交通—公共交通"关系画等号，对于过渡阶段的时空特征和交通方式的认识不足；另一方面又忽略了公共交通私人供给的可能性。

荣朝和（2016）对交通运输方式的大量常用概念进行了梳理。大致上看，基本公共服务、大运量交通、普通运输、受雇运输等一般交通时空特征更明显，而非公共服务、小运量交通、合约运输、自用运输等特定交通时空特征更明显（见图4-1）。

所有权和使用权是否统一、服务对象的排他性强弱可以作为城市交通方式分类的主要依据。因此对城市交通体系可以从服务对象的一致性和资源共用程度两个角度重新进行分析。在服务对象的视角上，可以分为出行者自我服务和社会服务两大类；在资源共用程度谱系上则从个体专用逐渐过渡到高强度的集体共用（见图4-2）。在服务对象和资源共用程度所决定的坐标平面上，步行、自行车和私人小汽车都在个体专用和自我服务的一端，但小汽车允许多人乘坐，故其共用程度要稍高一些；普通公交、BRT 和地铁则在集体共用和社会服务的另一端，但共用程度随运输能力依次递增，服务范围也有差别；单位班车、公务车和领导专车的服务对象有特殊性，共用程度也有差别；校车、商场和机场提供的班车及其他定制公交都具有集体共用性质，在服务对象的社会性和共用程度上比普通公交要低，但社会性高于单位班车；普通出租车属于为社会服务的分类，但相比其他公交的服务对象范围要窄一些；虽然也是个体专用的自行车和小汽车，但公租自行车和汽车租赁的提供方式却带有社会服务特性。在新的谱系下，越靠近左下角特定时空特征越明显，越靠近右上角一般时空特征越明显。

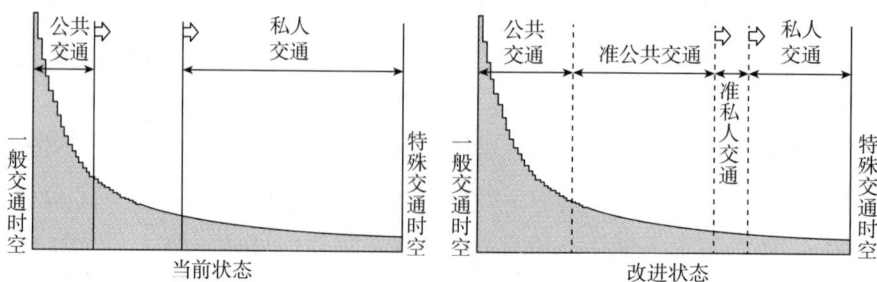

图 4-1　城市交通体系的当前状态及改进目标

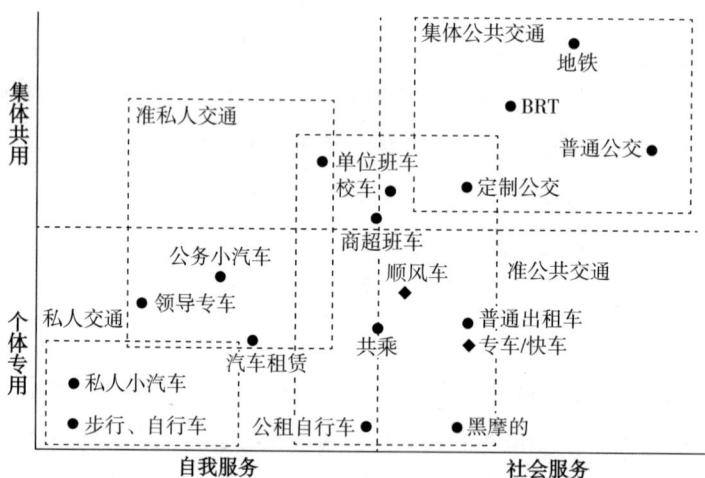

图 4-2　城市客运交通性质分类

资料来源：荣朝和，王学成. 厘清网约车性质　推进出租车监管改革 [J]. 综合运输，2016 (1)：4-10.

可以根据服务对象和资源共用程度在前述坐标平面上归并出私人交通、准私人交通、公共交通和准公共交通等若干区域（见图 4 - 1）。需要指出的是，四种分类之间并没有严格的界限。例如定制公交既可以纳入公共交通范畴，又因其价格较高、线路特别可以将其纳入准公共交通范畴，而单位班车具有大容量交通特征，但是具有比较严格的身份排他特征，因此可以同时归于准私人交通和准公共交通。不同分类之间的界限并非静态的，交通方式本身的性质也会发生改变。

准公共交通是城市交通中一个特殊的分类，它是指服务对象处于自我服务与完全社会服务之间的特定范围的交通活动，在交通手段上既可以使用小汽车、摩托车、自行车等小型交通工具，也可以使用中巴甚至大巴等中大型交通工具，是市场和"互联网＋"都可以充分发挥作用的领域。

2. 考虑运行—衔接时空的完整出行链条分析

城市市内交通一般路径规划复杂，备选方案较多；时间上存在的不确定性比较多，时间价值较高。总体上看，城市交通方式的时空转换并不是均匀的，存在很多的停顿等待、迂回、反复、急变等。整个运输过程可以被分为几个需要相互连接的环节，更应重视完整出行链条的时空特征分析。

$$G(\theta_i) = \{ST_i^1, \ ST_i^2, \ \cdots, \ ST_i^{n-1}, \ ST_i^n\} \qquad (4-1)$$

上式集合表示个体 i 的完整出行链条 θ 是由 n 个具有不同时空特征 ST 的元素构成的集合。其中 ST 表示时空转换的最小单位，时空转换划分的标准是交通工具或运营方式的明显改变。例如，一个住在郊区的出行者早高峰由住所到市中心商务区的出行过程可以分为"7：00 由家出发乘出租车在 7：25 之前去往地铁站 M""7：25 进入地铁站并等待下一班 A 线地铁到达地铁换乘站 N""步行 2 分钟换乘并等待下一班 B 线地铁，在 8：12 之前到达地铁站 O 并出站""步行至公交站搭乘公交车，8：29 之前到达公司附近车站下车进入公司"四个前后衔接又有明显变化的时空安排。

时间距离的长短取决于相应基础设施及移动载运设备的技术、信息、组织与管理水平等多方面因素。一个完整的出行需求往往需要多个不同环节的协作来完成，每一个环节内部又有自己的衔接时空和运行时空，因此整个运输过程应该被看作是一个运输位移的链条。其中总的时间链条可以表达为：

$$T(\theta) = T_a^x + T_{ab}^y + T_b^x + \cdots + T_{n-1}^x + T_{(n-1)n}^y + T_n^x = T^x + T^y \qquad (4-2)$$

上式表示了一个从始发地 a 到目的地 n 的完整出行安排，由若干个前后相续的不同出行子集构成。其中 T^x 表示衔接时间，T^y 表示运行时间。考虑空间因素时的衔接时间又可以分为产生空间转换的时间（T^{x1}）和不产生空间转换的时间（T^{x0}）。

运行时间与交通工具的速度和道路条件有关，地铁和 BRT 等具有专属路权，运行速度快，同等路程下时间较短；公交、出租和私家车等地面交通的速度则与道路条件有关，时间具有不确定性。

衔接时间包含的内容较多，大致可以分为接入时间、等待时间、换乘时间、停站间隔时间、支付结算时间以及退出时间（见表 4-1）。接入时间和换乘时间可以归入有空间转移的衔接时间，其他类型的时间则为无空间转移的衔接时间。接入时间是指出行者到达交通方式覆盖的范围内或者特定的候车点所需的时间，该时间与不同交通方式的接入点密度有关；换乘时间是指因个体线路与车辆当前线路不完全一致时必须换入另一线路以达成出行目的的时间，该时间与换乘站布局、换乘通道设计有关；等待时间是指出行者等待车辆到来的时间，与发车的频率、发车的可靠性、车辆的数量等有关；停站时间是指车辆运行中到站停车、拥堵或红绿灯等造成的停靠时间，与车辆的运行路线和道路情况有关，相较于等待时间可控性更高一些；支付结算时间是指乘车交易过程中刷卡（验证账户和结算）、交钱、开具发票等所需的时间，与支付流程设计有关；其他时间还包括上车下车、协商价格并达成协议、还车、泊车等环节的时间。

表 4-1　考虑衔接环节的交通方式时空特征

交通方式	接入点	接入时间	转换环节	停站环节	支付环节	路径规划	运行时间	价格构成
地铁	特定地铁站、距离不定	与发车频次有关，较短	网内换乘，与换乘设计有关	停站较少，间隔长	开始时预支付、结束时结算	固定路线	较短	按里程浮动
BRT	特定公交站、距离相对较远	与发车频次有关，较短	网内换乘，与车站位置有关	停站较少，间隔短	开始时预支付、结束时结算	固定路线	较短	按里程浮动
普通公交	特定公交站、距离相对较近	与发车频次有关，不固定	网内换乘，与车站位置有关	停站多，间隔短	开始时预支付、结束时结算	固定路线	较长	按里程浮动

续表

交通方式	接入点	接入时间	转换环节	停站环节	支付环节	路径规划	运行时间	价格构成
定制公交	特定公交站、距离近	与发车可靠性有关，短	一般无换乘	停站较多，间隔短	一般为提前支付、月结或周结	固定路线	很短	按里程浮动
校车	特定站点、距离相对较近	与发车可靠性有关，短	一般无换乘	停站较少，间隔短	一般为提前支付、按学期结或月结	固定路线、可变通	较短	固定
单位班车	特定站点、距离相对较近	与发车可靠性有关，较短	一般无换乘	停站较少，间隔短	乘客一般无须支付	固定路线、可变通	较短	无
商超班车	特定站点、距离相对较近	与达成发车条件有关，较长	一般无换乘	停站较少，间隔长	顾客一般无须支付	固定路线、较灵活	较短	无
机场班车	特定站点、距离相对较远	与发车频次有关，较短	一般无换乘	停站少，间隔短	结束时支付	固定路线	较短	按里程浮动
出租车	主要道路路侧、距离很近	与周边车辆数量有关，不固定	无换乘	无停站	结束时支付	非固定路线、按客需求规划	很短	按里程、时间浮动
网约出租车	乘客所在地点	取决于平台调度和周边车辆数量，时间较短	无换乘	无停站	结束时支付，可异地支付	非固定路线、按客需求规划	较短	按里程、时间浮动
汽车租赁	特定租赁点、距离很远	无	无换乘	无停站	开始时预付，结束时完成支付	无	很短	按天、按公里计费，略有浮动
公务车	单位内	随时发车，短	无换乘	无停站	无须支付	非固定路线、按客需求规划	较短	隐性价格
私人小汽车	周边停车场、距离较近	随时出发，很短	无换乘	无停站	无须支付，需寻找泊车点	非固定路线、按个人需求规划	较快	需考虑购置保养成本，较高
公租自行车	租赁点、距离相对较远	不固定，一般较长	一般无换乘	无停站	结束时支付	非固定路线、按个人需求规划	长	一般按时间计价
专车	乘客所在地点	取决于平台调度和周边车辆数量，短	无换乘	无停站	结束后支付，可异地支付	非固定路线、按客需求规划	较短	按里程、时间浮动，高于快车
快车	乘客所在地点	取决于平台调度和周边车辆数量，短	无换乘	无停站	结束后支付，可异地支付	非固定路线、按客需求规划	较短	按里程、时间浮动

交通方式	接入点	接入时间	转换环节	停站环节	支付环节	路径规划	运行时间	价格构成
顺风车	约定的地点	取决于是否有顺路车辆，较长	无换乘	无停站	结束后支付，可异地支付	非固定路线、按车主需求规划	较短	按里程、时间浮动，低于快车
拼车共乘	约定的地点	较长	无换乘	无停站	结束后支付，可异地支付	非固定路线、按乘客共同需求规划	较短	固定价格，按时间、里程计价
黑出租	乘客所在地点	取决于是否有闲置车辆，不固定，较短	无换乘	无停站	开始时支付	非固定路线、按客需求规划	较短	约定价格

从完整出行链条的时空特征来看，公共交通解决的是城市的一般性问题，主要通过大容量快速交通方式解决同质化的批量交通问题。因此，不可避免地造成个体出行中非运行时间所占比例过高。调查显示，北京地面公交和轨道交通非运行时间在整个行程时间中占比高达 34% 和 39%。公共交通对个体出行需求的改善是外在的，通过增加线路和站点的密度、提高运营组织能力可以逐步地向个体出行需求靠拢。准公共交通具有更好的灵活性，时空尺度收缩到具有某类特征的个体上，能够为消费者提供出行服务，尽可能地满足个体的差异化需求。

3. 交通供给中的"公"—"私"二分对立及其问题

随着经济社会发展的水平不断提高，城市人口急剧增长，城市规模不断扩张。机动车在城市出行中分担的比例越来越高，城市拥堵成为大中城市普遍存在的问题。在此背景下，管理者对不同交通方式的政策取向出现不同程度的倾斜。

公交优先逐步成为城市交通发展的基本原则。2005 年，住建部等六部委联合发布了《关于优先发展城市公共交通的意见》，要求充分发挥公共交通运量大、价格低廉的优势，引导群众选择公共交通作为主要出行方式，并在城市规划、法律保障、基础设施建设、财税支持等方面出台了一系列配套政策。2012年，《国务院关于城市优先发展公共交通的指导意见》中再次强调，"构建以公共交通为主的城市机动化出行系统，同时改善步行、自行车出行条件"。在国家政策的引导下，多地也提出了建设"公交城市"的愿景，大力发展以地铁、轻轨、BRT 和普通公交为主的公交出行方案。就发展状况来看，中国城市的公共交通基础相对薄弱，服务质量偏低。以地铁来看，北京、上海、广州、深圳等大型城市的运营总里程、站点密度、线路密度、营运时间等与首尔、巴黎、东京、纽约等大城市相比还有很大的差距。总体上看，公共交通尚不能满足公众的基本出行需求。部分城市试图以公共交通全面覆盖特定时空需求，这也是不可取的。

私人交通处于不被鼓励的境地，大型城市控制私家车拥有量成为治理城市拥堵最先考虑的政策选择。国家《节能中长期专项规划》中明确提出，"抑制私人机动交通工具对城市交通资源的过度使用"。上海市 1994 年开始对新增的私车牌照实行有底价、不公开的拍卖；北京从 2011 年开始对小客车实施总量调控，2014 年之前每年配置 24 万个指标，之后则减至 15 万个。除此之外，杭州、广州、天津等城市也出台了相关的小客车摇号政策。除了保有量的控制外，私家车管理部门也出台了一系列使用限制政策，如尾号限行、特定区域限行等。开征拥堵费、将牌照与停车位挂钩等政策也在考虑之中。

准私人交通领域，单位通勤班车的产生主要是因为早年公共交通和私人交通系统都不发达，存留至今则是因为相应的准公共交通未能提供应有的服务。公共性最弱、效率最低的公务车数量庞大，2013 年的数据显示，中国公车数量在 400 万辆以上，北京市小口径统计（党政机关、全额拨款事业单位）的公务车数量与全市出租车数量相比不相上下。跨单位提供班车解决方案的专业公司的出现也使得单位班车向公共交通靠拢。未来随着出行服务的专业化，准私人交通领域将逐步地由准公共交通替代，准公共交通应受到更多的关注。

准公共交通是大规模集体公交的重要补充，发挥着查漏补缺的重要作用，可以有效替代私人小汽车的使用，因此在成熟的大城市交通体系中受到高度重视。国内外很多城市都在力推的各类定制公交、公租自行车等，验证了准公共交通在满足个体特定交通需求中不可或缺的地位。我国在较长时期内相对忽视准公共交通，早期几乎没有针对性的鼓励政策。在《关于优先发展城市公共交通的意见》中，仅有一处提及按照"满足群众需求，不干扰正常通行"的原则，合理规划、科学设置小公共汽车和出租汽车停靠点。直到 2012 年《国务院关于城市优先发展公共交通的指导意见》中才增加了"发展中小学校车服务系统……初步建立出租汽车服务管理信息系统，大力推广出租汽车电话约车服务……大力发展汽车租赁、包车客运等交通服务方式……"的内容。社会各界对准公共交通的重要性一直未能给予足够关注，甚至还有很多错误认识，譬如把拥堵加剧的罪责也算到出租车账上。

就出租车性质定位来看，国家标准《城市公共交通常用名词术语》很早就明确了出租汽车属于"公共交通工具"，2004 年明确了出租汽车在公共客运交通系统的"补充"作用。多数学者亦赞同其准公共服务的性质和补充性公交的功能。城市人口越多、规模越大，出租车的效率和重要性就越明显。但是出租车的发展并没有得到公共交通一般的待遇，事实上中国半数地级市出租车人均拥有量低于国家标准。2003 年以来的十多年间，47% 的地级市出租车数量减少或停滞，89% 滞后于人口变化。出租车复合增长率与经济复合增长率相比，平均低 16 个百分点。

城市其他准公共交通方式的发展也不乐观。教育部公布的数据显示，2011 年全国学生接送车辆仅有 28.5 万辆，其中符合国家标准的校车仅有 2.9 万辆，而同期全国中学及以下学校超过 47 万所。校车的普及取决于社会对少年儿童乘车安全保护及专用车必要性的认同程度和支付能力，未来将逐步由学校经营转向政府购买服务的公共经营。商超班车数量也大幅度下降，以济南市为例，2006 年各类商超班车线路总数多达 300 条，比同期城市公交车线路还要多，随着人们出行习惯的改变和商超策略的调整，到 2014 年仅有十余家商超提供约 100 条线路。

值得注意的是，在私人交通和准公共交通之间还存在着私家车共乘、黑出租、黑摩的等交通现象。这些由私人车辆从事的社会服务在一些特定城市区域已经存在很久，成为城市交通的组成部分，但一直处于未被官方承认的状态，在社会服务的边缘上打游击。私人交通与准公共交通之间的界限却由于共乘、黑车的存在而变得不那么清晰。官方长期以来一直希望通过严厉打击取缔这一灰色地带，却都成效甚微。实际上这个灰色地带的存在，恰恰也是由于公共交通体系特别是其中准公共交通服务不完善造成的。

政府既存在公共交通供给不足的问题，也存在盲目扩张公共交通边界的问题，在不擅长的特定出行领域提供准公共服务，因此形成新的问题。公共自行车的发展就是例证。

自行车是城市慢行系统的主要交通方式，因其没有环境污染问题，对城市道路的挤占效应也比较小，成为部分城市非机动出行系统建设的重点。2014 年，中国城市的公共自行车数量超过 40 万辆，超过世界上其他所有国家的总和。到

2015 年 3 月，中国已有 215 个城市实施公共自行车项目。昆山、青州、义乌等财力较强的县级城市也积极布局公共自行车服务系统。中国公共自行车在高歌猛进的发展过程中，一方面，产生了明显的社会效益，居民出行"最后一公里"问题得到改善，城市拥堵和交通排放污染得到缓解。另一方面，也产生了大量的问题，以武汉市为例，武汉从 2009 年开始，将公共自行车服务体系作为政府重点任务来抓。高峰时，建有上千个站点，近 10 万辆自行车，近 100 万人办理租车卡①。武汉公共自行车项目采取"政府主导扶持，企业投资运营"模式，民营企业承担公共自行车建设和运营职责，政府将一部分广告资源交给民企，并额外提供补贴（累计约 5000 万元）。民营公司在自行车系统运维上并不积极，反而将大量资金转投到其他领域。2014 年，武汉自行车投放量跃居全球首位。在达到繁荣顶峰的同时，整个系统出现问题并逐渐陷入停摆状态。武汉市决定重启公共自行车系统，并协调市公交集团接手，但市公交集团最终决定不承接公共自行车项目。政府部门组建国有独资企业武汉环投公共自行车服务公司接盘，但也并没有持续经营下去。2017 年 11 月，武汉公共自行车再次退出历史舞台。武汉市公共自行车发展中的问题并非孤例，厦门、杭州、合肥、北京等城市都出现过使用率不高或者直接停摆的问题。其主要原因是公共自行车的作用在早期的城市发展规划中并没有考虑，与其他交通方式的关系也不清楚。

几乎所有的城市政府在公共自行车建设中均采用"有桩"模式，建设固定站点取车、还车，难以适应自行车使用者的出行场景。自行车主要用于短距离衔接性出行，多集中在半径 3 公里或骑行 20 分钟以内的空间范围，而很多城市站点之间间距过大，自行车与地面公交间功能重叠。站点密度过低也导致出行者本身就要花费大量时间接入取车点和还车点，衔接时空占比高，使用意愿大幅降低。此外，自行车站点一桩一车，而交通本身具有极强的潮汐性，因此在部分时间车的数量很容易超出桩的数量，由此产生停车难问题，为了完成还车，出行者不得不多骑一段路程寻找下一个站点，徒增烦恼。

城市财政支付能力具有边界，这就导致公共交通不能面向所有居民的所有出行需求，必须集中在一般性的出行需求上。很多城市不顾自身发展的实际情况，盲目上线公共自行车，造成了很大的财政压力。某县级市于 2010 年投资 3000 万

---

① 资料来源：http：//www.163.com/money/avticle/DA2BQN5Q002580S6.html。

元建设"自行车自助租赁系统"，到2014年总投入达到5000万元，除建设初期当地企业捐赠数百万元外，余下部分全部由公交公司承担，车均投放成本高达5000元。此外，市财政每年还需列支500万元保障公共自行车的管理运营、维护更新。该市还计划投资1.6亿元建设自行车道300余公里。根据公开披露的信息，一个可以停放20辆自行车的站点，建设费用高达15万元，公交公司还为公共自行车配套120多名员工。从收入方面来看，经营性收入主要包括开卡费、预存款及使用收费、卡损补卡费、车辆损坏/丢失赔偿等，但是5年总收入不足万元。

2016年，以ofo和摩拜为代表的共享单车得到快速发展。共享单车是"互联网+交通"在非机动出行领域的重要创新形式。虽然冠以"共享"的名义，但其实质是依托互联网经营的分时租赁自行车（为表述方便，仍称"共享单车"）。在资本的助力下，市场上同时出现了大量单车品牌。到2018年2月，我国有77家共享单车运营企业，共投放了2300万辆的共享单车，注册用户高达4亿人，累计服务超过170亿人次，日出行量最高峰达到7000万人次①。

无桩的共享单车，虽然与有桩公共自行车提供相似的产品，但是从本质上看，两者之间有非常大的差别。共享单车建立的是以用户为中心的时空形态，消费者到达目的地之后可以随时停车结束行程，无须寻找固定换车点。同时共享单车通过大量投放自行车保证密度，出行者可以在较短的时间内找到可供骑行的车辆，整个系统的时空结构与出行者的时空需求基本匹配。因此，出行者对共享单车的接受程度高，付费意愿强。"有桩"与"无桩"不仅是技术制式上的差别，也是对出行的"一般性"和"特殊性"认识和处理的不同。政府作为公共部门，不可能对每一个城市的出行者的具体需求进行全面细致的安排，解决好大多数人的出行问题就是解决城市交通最大的问题。作为一般时空的维护，倾向于处理批量化的交通出行问题，着眼于整个城市出行系统中主要时段、主要地段大容量交通。"稳定可控"是处理一般性交通的基本原则，因此轨道交通、地铁和地面公交都有非常健全的管理制度、运行调度计划和安全管理方案，在安全与效率不能兼顾的情况下，公共部门首先倾向于实现安全的目标。有桩自行车就是这种思维，车必须是物理可控的，"桩"是控制车的重要手段，"站"是控制桩的重要

---

① 资料来源：http：//www. money. 163. com/18/0207/16/DA2BQN5Q002580S6. html。

手段，"系统"是控制车、桩、站的重要手段。层层管控下，作为最终端的车的灵活性大打折扣，人的个体需求也就很难实现了。作为企业组织的共享单车必须以个体消费者的需求为基础展开业务，因此更加重视出行的特殊性，每一次出行都是在特定的时刻安排下，从特定的出发点到达特定的终点。"桩"应该服从车、车应该服从人。物理可控并不是最重要的，最重要的是信息可控。实现用户差异化需求最简单粗暴的方法就是增加车的投放，保证每一个角落、每一个时间点用户的需求都能在最短时间内得到响应。交通潮汐造成的客观上的时空不平衡，则通过人力搬运车辆来实现。

共享单车发展的一个重要启示是，在准公共服务领域，政府应保持社会资本优先供给，政府提供相应的基础设施服务，并针对企业经营目标与城市整体目标不一致暴露出来的问题，制定管理标准和管理办法。在社会资本不愿提供服务，同时政府财政可以负担的情况下，政府才应该介入直接经营。

二、传统出租车行业管制的形成及其困境

出租车是工业社会后期城市文明的重要标志，也是中国城市准公共服务的重要组成部分。中国出租车行业经历了漫长的行业培育期，逐步由服务特定人群的"奢侈消费"转变为服务大众的群众消费。

中华人民共和国成立以后，出租车公司逐步收归国有。1951 年，上海祥生出租车公司完成公私合营。同年，北京市为了满足外事活动的需求也成立了中华人民共和国第一家国营出租汽车公司——首都汽车公司。1956 年，全国出租车全行业完成公私合营。此时的经营范围限于完成国家和政府规定的特殊任务等。"文革"期间，出租车业一度全面取缔。一直到 1974 年，为了完成外宾接待任务，首都汽车恢复经营，出租车公司逐步回归社会。由于出租车价格偏高，城市居民对出租车的需求很小，1978 年末中国出租车数量也只有 1628 辆。改革开放以后，出租车管理由原先的"禁止"转变为"行政审批"，但是审批比较严格。1979 年，广州市成立了改革开放以来的首家民营出租车公司，公司采用了"招手即停"的打车方式并很快被全国出租车行业效仿。1984 年之前北京实行出租

车的计划调配，仅有数千辆出租车，之后有上级主管机关证明即可从事出租车业务，大批国有、集体出租车公司成立。20世纪80年代出租车数量并没有显著增加，1985年全国出租车也只有2.53万辆，多数从业者处于探索经营阶段。一方面是因为当时汽车价格昂贵，另一方面是因为开办出租车公司的多为集体企业，对市场的需求变化没能及时做出反应。

20世纪90年代起中国的改革开放进入新的阶段，出租车市场开始进入急剧扩张阶段。1992年，北京提出"一招手能停5辆出租车"的目标，允许私人到出租车公司购车，按月上交管理费（份儿钱），民间资本进入出租车行业，个体工商户成为出租车经营的主力军。北京模式被全国各大中城市效仿，极大地调动了出租车行业资源。1990年全国出租车数量为11.06万辆，到1998年便暴增到75.42万辆。在数量大幅增加的同时，出租车行业的矛盾也在不断积累，市场秩序开始出现混乱。

到世纪之交，出租车行业相关主体之间关系复杂，矛盾激化，行业整顿成为必然。在几次整顿中，规范的对象和内容也不尽相同。早期整顿主要针对黑车不法经营带来的隐患，打击非法经营是主要内容。2000年之后规范出租车公司和司机之间的关系成为主要内容，原因是出租车司机负担过重，罢工现象频发。在出租车管制之后，经营权转让产生了巨大的利益，规范地方政府以各种名义增加收费成为主要内容。

1998年，出租车行业第一部全面系统的规范性文件《城市出租汽车管理办法》开始施行，该文件确定了"城市的出租汽车经营权可以实行有偿出让和转让"。1999年，出租车行业出现第一次全国范围全行业的整顿，确定了以出租车公司为主体的行业自我规范基础。2000年，整顿基本确定了出租车价格管制和数量管制的原则，出租车行业自我发展的阶段宣告结束。2006年的政策确定了中国出租车数量增长滞缓的格局。2007年之后逐步将出租车管理权责归口到交通运输部门，结束了出租车管理机构的混乱。

几次政府部门的行业规范逐步确定了中国出租车业实行政府管制的原则和方式（见表4-2），实行城市出租车租价指导和总量控制，即事实上的价格管制和数量管制。数量管制是指政府通过各种行政手段控制出租车市场的车辆数量。中国多数城市实行经营牌照的管制，不发或者少发新的经营牌照，营运车辆没有与之相对应的经营牌照则被认为是"非法营运"车辆。出租车牌照主要发放给出租车公司，由公司管理和经营，司机与公司达成协议，司机租用公司的牌照，并为之支付"份子钱"，司机对牌照没有所有权。价格管制是政府通过行政手段对出租车市场价格进行的人为约束，并对不服从这种约束的公司和个人进行处罚乃至清理出市场。价格管制也可以看作是数量管制后避免供给不足、价格过高的政策副产品。

表4-2 中国出租车行业主要管理政策梳理

年份	文件名称	主要内容摘录
1997	《城市出租汽车管理办法》	确定出租车管理的基本办法；城市的出租汽车经营权可以实行有偿出让和转让
1999	《关于清理整顿城市出租汽车等公共客运交通的意见》	形成以公共汽车、电车为主体，小公共汽车、出租汽车为补充的城市公共客运交通格局；清理非法营运车辆；规范出租车经营机构和驾驶员之间的关系；整顿安全问题；统一管理
2000	《关于切实加强出租汽车行业管理有关问题的通知》	取缔非法营运活动；涉及出租汽车运营的行政事业性收费和政府性基金项目进行全面清理；调整出租汽车运价和收费标准；对出租汽车营运规模的总量控制
2004	《关于进一步规范出租汽车行业管理有关问题的通知》	对出租汽车经营权有偿出让进行专项清理整顿；坚决制止企业利用出租汽车经营权向司机转嫁投资和经营风险，牟取暴利；依法理顺出租汽车企业与司机的劳动用工关系；打击各类车辆非法运营活动
2006	《关于规范出租汽车行业管理专项治理工作的实施意见》	所有城市一律不得新出台出租汽车经营权有偿出让政策；严肃查处一些地方公务人员充当非法运营"保护伞"的行为
2006	《关于进一步加强出租汽车行业管理切实减轻出租汽车司机负担的通知》	不得采用行政手段，强行推动出租汽车企业兼并重组；不得以任何形式向市场投放新的出租汽车运力和进行经营权拍卖；由中央财政给予出租汽车司机适当的临时性补贴
2006	《关于开展打击"黑车"等非法营运专项整治行动的实施方案》	严厉查处各类无证经营黑车、黑车组织，打击公务人员违规行为
2007	《关于进一步做好规范出租汽车行业管理专项治理工作的通知》	进一步落实出租汽车稳定工作责任制，畅通出租汽车司机合法合理诉求渠道；理顺管理体制、明确管理责任，切实解决一个地区内多头管理、责权不清、政出多门、政令不通等问题；进一步加强出租汽车行业法规建设，促进行业依法监管

续表

年份	文件名称	主要内容摘录
2014	《出租汽车经营服务管理规定》	出租汽车与公共交通等客运服务方式协调发展，满足人民群众个性化出行需求；国家鼓励出租汽车实行规模化、集约化、公司化经营；县级以上主管部门制定出租汽车发展规划；国家鼓励通过服务质量招投标方式配置出租汽车的车辆经营权；建立完善电召服务管理制度

中国多数城市的出租车行业实行市一级的牌照管制和统一定价，自管制政策确立以来一直没有松动。2000 年，中国城市出租车数量为 82.6 万辆，按照当年城镇户籍人口 45906 万人计算，每万人拥有出租车约 18 辆。到 2013 年[①]，中国出租车总量为 105.38 万辆，每万人出租车数量下降到 14 辆（见表 4 - 3）。13 年间，出租车数量的复合增长率仅为 1.69%。

表 4 - 3　2000 ~ 2018 年中国出租汽车总量　　　　单位：辆

年份	2000	2001	2002	2003	2004	2005	2006
出租车总量	826000	870023	884195	903381	903734	936973	928647
年份	2007	2008	2009	2010	2011	2012	2013
出租车总量	959668	968811	971579	986190	1002306	1026678	1053580
年份	2014	2015	2016	2017	2018	2019	
出租车总量	1074386	1092083	1102563	1102823	1097237	1102470	

资料来源：2000 ~ 2003 年来源于交通运输部网站，2004 年之后来源于国家统计局数据库。

图 4 - 3 对全国 278[②] 个地级市 2003 ~ 2013 年出租车发展的情况进行了统计。按照住建部《城市道路交通规划设计规范》的要求"城市出租汽车规划拥有量根据实际情况确定，大城市每千人不宜少于 2 辆；小城市每千人不宜少于 0.5 辆；中等城市可在其间取值"，将所有城市分为强、弱（满足标准为强，不满足标准为弱）两档。根据 2003 ~ 2013 年各城市出租车数量增减变化与市辖区人口

---

①　网约车从 2013 年开始进入快速发展期，为排除网约车对传统出租车行业的影响因素，对比分析部分选用 2013 年数据。

②　京、津、沪、渝四个直辖市按地级市算，剔除了部分区划调整、数据缺失和数据异常的地级市。

变化情况将城市划分为后退类（出租车数量十年复合增长率低于人口十年复合增长率1个百分点以上）、停滞类（出租车数量与人口增幅相差在 -1% 到 1% 之间）和进步类（出租车数量十年复合增长率高于人口十年复合增长率1个百分点以上）。两个标准交叉可以将所有城市分为六个类别：弱退型25个，弱滞型44个，弱进型77个，强退型22个，强滞型56个，强进型54个。

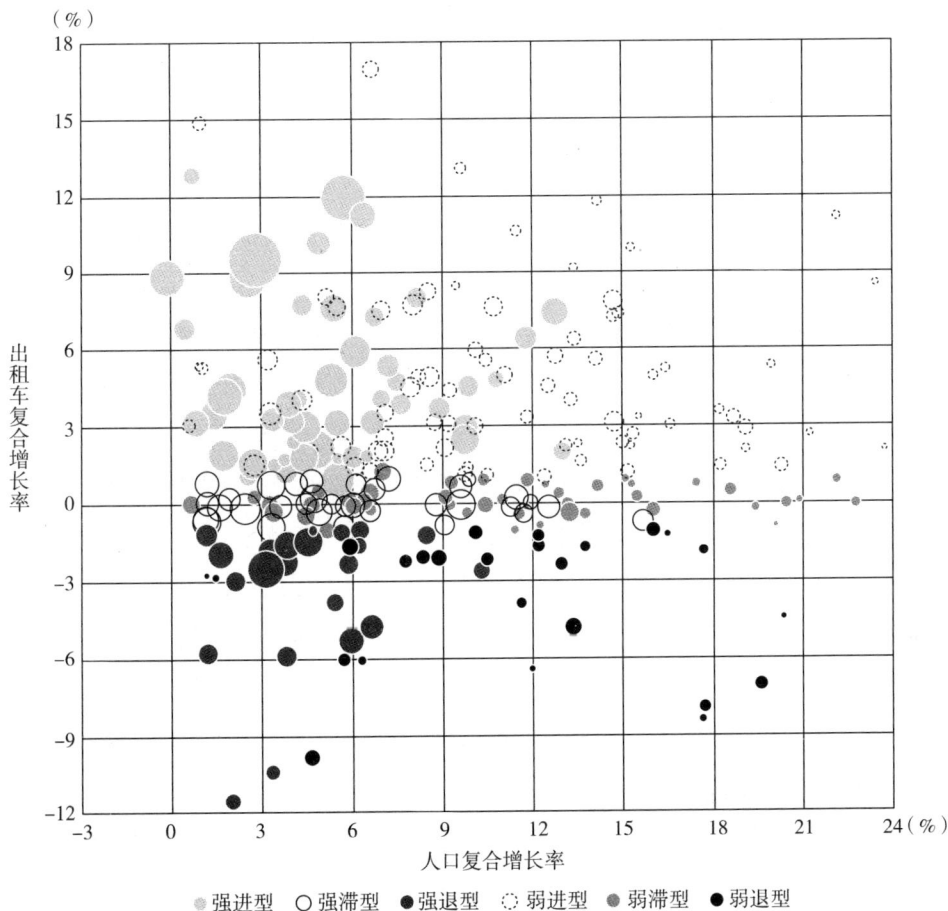

图4-3 中国地级市出租车发展情况

资料来源：《中国城市统计年鉴》，部分数据经核实后做了调整。

总体来看：①中国城市出租车配比情况明显不足，从住建部建议标准来看，全国 278 个地级市中有 132 个尚不满足，占到总数的 47%。贵港市、资阳市、巴中市、汕头市等每万人拥有出租车不足 3 辆。②出租车数量增长停滞成为普遍情况，36% 的城市出租车十年复合增长率在 –1% 到 1% 之间，北京等 42 个城市更是一辆未动，整个行业处于完全封闭状态。③全部 278 个地级市的出租车增长率均低于 GDP 增长率，平均低 16 个百分点。④248 个地级市（占 89%）出租车增长情况滞后于人口增长情况。⑤出租车数量停滞与"城市规模"或者"出租车拥有率"并没有直接关系。

通过横向上与公共交通和私人交通的对比，也可以发现，出租车处于不断被边缘化的境地。2004~2018 年，出租车与公共交通车辆（包括营运中的公共汽电车和轨道交通车辆）数量比由 3.21 下降到 2.38，降幅达 35%。在私人汽车领域差距更加明显，出租车与私人汽车数量比由 2004 年的 0.065 下降到 0.011，降幅高达 83%。

由于限制数量造成牌照紧缺，行业管理者、出租车公司、司机和乘客之间的权利义务关系、经济利益分配出现严重的扭曲。在私人交通和公共交通不均衡的情况下，传统出租车行业供给者缺乏竞争意识，拒客、宰客等服务态度差的问题屡见不鲜。出租车司机在忍受出租车公司因牌照而收取的高额"份子钱"的同时，又联合起来抵制政府增加出租车牌照；政府一方面无法满足乘客的出行需求，另一方面出于交通拥堵和社会冲突的压力，又不能大幅增加出租车数量。出租车公司成为管制利益的享受者，这部分管制利益的再分配没有正式契约和规则，容易滋生新的问题。出租车行业成为一个封闭、静止、矛盾不断积累的行业，由此产生的问题已经不限于经济领域，扩展到社会领域和政治领域，成为社会发展的顽疾，政府也只能以观望的态度面对行业死结。

自 20 世纪 70 年代起，众多中外学者就呼吁放松对出租车的管制，Moore 和 Balaker（2016）在对国外的诸多领域文献进行分析后发现，多数学者支持放松管制，但是在实践中完全放松出租车管制的案例并不多见。其主要原因在于：管制俘获使政府和出租车公司站在了一起，芝加哥的出租车管制的案例研究说明，在这种状态下，出租车供给不足的问题几乎是无法解决的；作为出租车管制的利益受损者，出租车司机对不改变牌照制度而新增出租车数量持抵触态度，行业罢工频发，出租车行业是城市正常运转的必要基础，管理者处于被挟持的境地。

三、网约车在出行服务体系中的功能定位

传统出租车供给不足，短期内有没有办法增加供给；非正规出租存在较大的安全隐患；其他准公共交通方式发展不足；私人交通和准私人交通持续膨胀。出租车行业出现重大发展障碍。随着互联网平台的兴起，这一问题的破解出现了新的契机。

存在数量管制和价格上下限管制的情况下，出租车行业的供给已经发生了很大的变化。如图4-4所示，价格机制在两端都是失效的，由此形成出租车替代交通方式的需求发生变化。替代需求主要是私家车出行、非正规出租等，此外对定制公交、公务出行等也都有一定的影响。在出租车管制区间内，替代需求增加，需求曲线向右大幅移动。另外，由于出租车的缺位，替代需求的价格敏感性变弱，需求弹性减小。

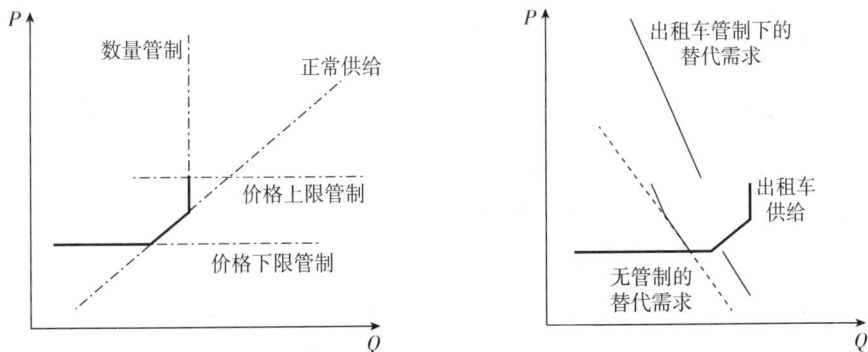

图4-4　出租车管制下的供需态势及其对替代供给的影响

小汽车通勤化的问题几乎不可避免。以北京市为例，出租车总量十年来基本没有大的变化，私家小汽车数量在2001年底为62万辆，到2010年北京汽车保有量超过450万辆，十年间翻了7倍多。2010年，北京市开始实行小汽车摇号政策，到2017年小汽车总量达到564万辆，保有量虽然得到了控制，但是相应的

使用需求并没有根本改善。考虑到北京市私家车主要集中在六环以内，具有明显的通勤性质。私人交通的膨胀挤占了公共道路资源导致整个交通系统的恶循环。非正规出租领域也成为准公共交通的重要供给者。非正规出租存在诸多的问题：司机能力无法保障，而且车辆比较陈旧或接近报废年限；没有正规的计价设备，存在漫天要价、恶意宰客等问题；难于监管，乘客人身财产安全受到威胁的案例屡见不鲜。非正规出租本身也存在劣币驱逐良币的现象，问题不断加剧。

从性质上看，网约车是准公共交通领域的重要出行方式。虽然不属于公共交通服务的范畴，但与居民的出行行为密切相关。互联网资讯平台 36 氪收集到 1200 份问卷调查，其结果显示，用户对网约车有比较强的依赖，52% 的用户每周使用 1 次以上网约车服务。即使是家庭月收入低于 1 万元的用户群体，该比例也达到了 40%。因此判断，网约车事实上已经成为城市居民出行的刚需，具有不可替代的作用。77% 的受访者将公共交通（地面公交 + 地铁）作为常用的出行方式，而网约车（网约出租车和网络约租车）达到 81%。首选交通方式方面，18% 的受访者选择了网约车（网络约租车），仅次于地面公交（22%），传统出租车的选择比例不足 1%。

从功能上来看，网约车是私家车和出租车的强替代产品，主要服务半径 10 公里以内或半小时车程以内的城市出行。一方面，网约车填补了出租车管制留下的市场空白，并对传统出租车行业形成强烈冲击，出租车车辆增长率在 2017 年首次出现负增长（见图 4 - 5），网约车成为多层次出行服务体系的重要组成部分；另一方面，由于网约车价格低廉、服务好，部分替代了私家车出行。对于城市交通管理者来说，通过使用率管理私家车远比通过保有量管理私家车更有效。但是也应看到，网约车的兴起，将部分公共交通的客户群体转移出来。其根本原因在于，现有的公共交通服务水平还存在欠缺，例如，地铁密度低、换乘烦琐、地面公交舒适性差等，要想解决网约车与公共交通的竞争性问题，不能仅控制网约车的使用，而是应该提高公共交通的服务能力和运行效率，基于此压缩网约车的拓展边界。根据凯捷调研对全球 8000 多名消费者的数据，34% 的已购车者认为，拼车和网约车服务可以替代私家车养车[①]。网约车甚至对停车行业产生了间接影响，美国 Ace Parking 公司的高管称，受网约车的影响，圣迭戈市酒店的停

---

① 资料来源：http://www.36kr.com/p/5079252.html。

车需求降低了5% ~10%，餐馆客人停车需求下降了25%，夜总会的停车需求下降了50%①。

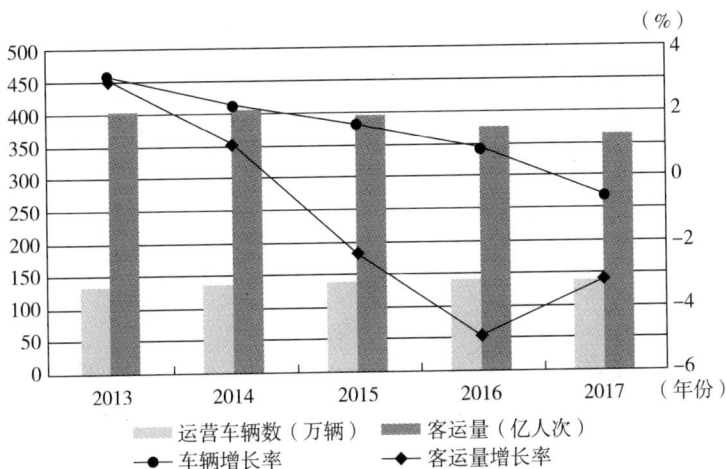

图4－5　网约车竞争背景下的巡游出租车发展情况

资料来源：国家统计局数据库。

网约车平台作为市场经济组织，承担了城市准公共交通供给和协调的社会职能。对于出行者来说，增加了更多可供选择的出行场景；对于城市公交的供给者来说，其不依赖政府补贴，通过市场化的方式丰富了供给市场；对于城市交通管理者来说，平台制定规则将松散多样的市场要素组织化，减少了针对个体的管理成本。

---

① 资料来源：http://www.sohu.com/a/224145855_397500。

第五章
网约车平台匹配的特定出行供需市场

本章重点论述平台的匹配功能，分别讨论"匹配什么""如何匹配"以及匹配实现的效果。其中"匹配什么"部分又分为特定供给和特定需求两方面，这部分认为，网约车平台引导分布式供给实现主观差异性需求。"如何匹配"方面，从微观技术层面讨论了"基于大数据的智能调度""司乘互评基础上的评分机制"以及"汰劣机制"蕴含的经济学原理。匹配实现的效果方面，主要从宏观的、行业的角度入手，考虑网约车平台作为一种协调机制在市场塑造方面发挥的重要作用，以及网约车平台发展与行业发展存在的目标背离等，考虑特定出行业态发展中的第一性问题。

一、网约车平台通过场景构建实现"需求响应"

"需求响应"或者"按需生产"并不是新概念，早在 20 世纪 70 年代，托夫勒就提出，"以类似于标准化和大规模生产的成本和时间，提供客户特定需求的产品和服务"。1993 年，约瑟夫·派恩（Joseph Pine Ⅱ）在《大规模定制：企业竞争的新前沿》一书中写道：大规模定制的核心是产品品种的多样化和定制化急剧增加，而不相应增加成本。但是按需生产和大规模定制生产，在实践中并没有得到快速发展。问题的关键在于，传统工业体系的核心经济性质是"规模经济"，而按需生产必须面向个体的消费者，与规模经济直接对立。随着信息技术的发展，这种对立逐渐缓和，服务领域出现了更多面向消费者的新商业模式，并逐渐发展壮大。

（一）网约车出行中的"需求响应"

网约车平台能够取得成功，最重要的原因就是可以从出行者需求角度出发提供服务，并通过平台构建微观层面的精准出行场景。

从本质上来讲，出行需求是一种派生需求，消费者对于出行的时间—空间偏好具有绝对性，即希望出行过程是出发点与到达点间直达、全链条时间尽可能压缩的出行。个体的出行需求具有非常强的异质时空特征。出行决策考虑的是"在什么时间、什么地点、使用什么交通方式、花费多少金钱和时间、选择什么路径、经过何种衔接与等待、在预定的时间区段内、达到某地"。传统交通经济分析中实际考虑的是三个层次的事情：核心是"使用什么交通方式""花费多少金钱和时间"，反映交通消费意愿、时间费用替代等问题。其次是"从什么地点""选择什么路径""到什么地点"的问题，反映的是个体交通需求对城市交通服务体系的要求。最后一个层次则是被忽视的个体出行中的时空结构问题，如衔接和等待的过程、可达性、时间窗口等。

机动化出行需求是客观存在的，单纯抑制私人交通的政策并不能取得理想的成效。传统出行体系中，个体差异化的需求只能通过个人保有小汽车等出行工具来保障。否则个人需求就只能向集体需求靠拢，任何人不可能要求公交公司在家门口新增一个停靠站点，只能选择走到最近的站点来接入公交出行体系中。如果恰巧公共交通满足了个人需求，那也只是一种侥幸的"需求响应"，并不受个人的掌控。以政策最为严格的北京市为例，2010 年私家车保有量增长率高达 20%，2011 年摇号政策出台后增速降到 3% ~ 4.5%，2015 年更是低至 0.5%。但小汽车出行比例仅由 34% 降低到 31.9%，凸显了保有量控制政策与居民出行需求之间的不对称性，需求管理才是解决拥堵问题的关键所在。

传统出租车行业"人等车"和"车等人"的现象同时存在，"车"和"人"的物信关系并不一致，两者处于不同的场域内。从武大城市化研究室发布的 GISoft 实验室预实验结果看，北京市出租车轨迹具有明显的集中趋势，主要分布在环路、城市主干道以及 CBD、中关村等重点功能区①。出租车在城市支路和一般干道出现的频率非常低。孙梦琪（2017）也发现，北京市出租车主要集中在主城区环线（二环路、北三环、东三环）和重点商业区（国贸）、交通枢纽（西直门、莲花桥）等区域，大量非重点区域的出租车出行需求不能得到满足，需求场景构建能力不足。

从不同出行方式的时空结构特征来看，出行者从产生需求到需求被响应，一般会经历三个过程（或者其中一部分）：①需求的表达和传递；②进入与司机约定的地点或有较高概率遇到出租车的地点；③等待司机到达自己所在地点或约定地点。借鉴时空棱柱模型可以粗略地勾画出不同运营方式的时空图（见图5-1）。

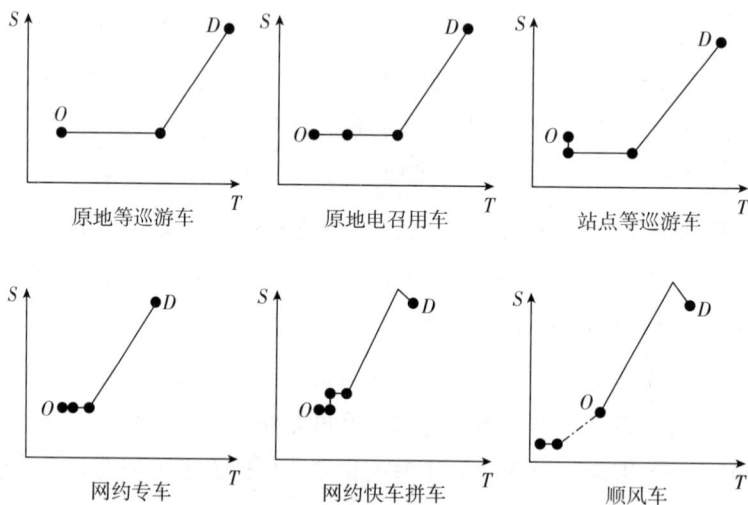

图5-1　不同出租车、网约车的运行时空图示

从图5-1可以看出，原地等待巡游出租车没有途径表达需求，也无法提前与司机进行沟通，因此等待时间一般都比较长，如果出行者所处的位置比较偏僻或者是早晚高峰期，则原地等待巡游出租车很可能面临打不到车的困境。原地电召出租车，一般由统一的电召平台将乘客信息传递给周边的出租车司机，司机再

---

① 资料来源：武大城市化研究室博客文章《交通地理大数据可视化：以出租车和摩拜单车为例》，详见链接 http://www.sohu.com/a/162898666_692608。

到乘客所在地接乘客，与原地等待方式相比，增加了一个需求表达的环节，但是总的时间一般都会缩减，乘客面临的不确定性也大大降低。站点等巡游车，主要有两种方式：乘客到市政部门划定的出租车接客区；乘客到巡游出租车经常出没的地点，如城市干道、次干道等。这两种方式都是通过个人改变出行场景来迁就供给场景。

相比较而言，网约车解决方案的前端处理要做得好很多。首先，乘客的需求可以通过手机 App 进行简单交互之后发布出来。平台处理并分发信息，在专车和拼车模式下，平台直接将订单派送给网约车司机，司机按需到指定地点接乘客；在顺风车模式下，司机和乘客进行双向选择，并最终达成交易，因为有比较长的提前期，乘客可以根据自身的出行场景异时异地规划行程。特别地，在拼车模式下，网约车软件给出了推荐上车地点。推荐上车地点容易停车接客，同时减少了车辆进入乘客所在小区或单位的环节，虽然增加了乘客一部分步行时间，但是需求响应的程序对司乘双方来讲都更加顺畅。

平台响应是影响在线服务质量中用户满意度和忠诚度的重要因素。调查数据显示，公众对网约车的需求偏好，主要来源于网约车能够满足乘客特定时空的出行场景。在网约车的主要使用场景中，83% 的用户认同"我会在时间来不及的情况下选择网约车"。艾媒咨询的调查数据也显示，71.3% 的用户为了节约时间而使用网约车出行，63% 的用户在选择网约车平台时看重平台的派单速度和司机接单速度，可以认为网约车用户多为时间敏感型用户。36 氪于 2018 年 3 月发布的调查报告显示，92% 的用户认为网约车[①]让出行更方便，85% 的用户认为网约车节约了打车时间，84% 的用户认为网约车比巡游出租车更方便，94% 的用户表示未来还会继续使用网约车。Rayle、Dai 和 Chan 对旧金山消费者的调查也显示，网约车能够降低公众对私人交通的依赖，并具有公共交通的便利。加州大学伯克利分校可持续交通研究中心 2016 年对旧金山的调查也显示，公众认为 Uber 比传统出租车节省了等待时间。

从供给端的司机来看，需求响应也大大减少了网约车和传统出租车等乘客、找乘客造成的时间、空间浪费。清华大学媒介调查实验室的数据显示，41.2% 的

---

①　该调查中，网约车特指以移动互联网为媒介，为乘客提供包括出租车和符合规定条件的私家车出行服务的新商业模式。

出租车司机每月空载率下降 10%～30%①。北京交通发展研究中心发布的研究报告指出，2014 年出租车空驶距离由 2013 年的 3.45 公里缩短到 3.38 公里，里程空驶率降低了一个百分点②。曹祎和罗霞（2016）的研究也发现，在出租车数量较少的情况下，手机召车软件可以帮助出租车司机降低时间空驶率。

绝大多数用户对网约车供需的认识，不再局限于数量的匹配，而更加关注时空特征及其分布的匹配。对于"导致司机接单时间、接单距离和接驾时间等变长的原因"，56% 的用户认为是需求的时间和空间分配不均衡，53% 的用户认为是供给的时间和空间分布不均衡；而认为用户数量增加或者网约车数量减少的仅有 19% 和 31%。吕明、曹祎和罗霞（2016）考虑了打车软件对供需双方的时间影响，通过案例研究发现，供给充足的小区内乘客单次平均等待时间缩短了 65%，出租车的空驶率降低了 65.6%～74.1%。《2016 年出租车行业市场分析报告》显示，网约车的平均空驶率为 20%～30%，比传统出租车少 10 个百分点左右。以重庆市为例，2016 年重庆乘客智能出行打车时间缩短为 7 分钟，相比路边扬招打车时间 12.3 分钟，智能出行每天可以为重庆市民节省 8.3 万小时等车时间。根据北京、天津、上海等 17 个城市消费者权益保护协会及中国消费者报社发布的报告，2017 年 1 月 20 日到 2 月 20 日一个月的舆情监测期内，消费者关注网约车服务的信息达到 4052 条，占到总信息的 40% 左右，居于首位。这从侧面说明，网约车能否得到公众的一致认可，关键在于能否提供契合消费者需求的个性化服务。

（二）个体出行需求的满足程度评价

过去的经济学是一个"浪费型"的经济学，经济行动存在过多的无效的中间环节，平台经济可以减少摩擦、减少耗散。从出行领域来看，完整的出行链条要求尽可能减少不必要的衔接时空，而供给组织方式的不同必然造成出行产品的冗余程度不同。对需求进行响应的目的是提供针对性的供给。不同供给方式对需求的满足程度可以通过时空冗余分析来刻画。需求者追求出行全过程用时最少、路径最优，尽可能减少衔接、等待一类的时空冗余。

---

① 资料来源：http：//www.tech.huanqiu.com/net/2014－08/5122109.html。

② 资料来源：http：//www.auto.people.com.cn/n/2015/0120/c1005－26413612.html。

时空冗余度（R）用来度量目标出行方式相较于基准出行方式对时空结构的改善。时空冗余度可以分解为时间冗余（R_T）和空间冗余（R_S），两者是相互作用的：

$$R(\theta) = R_T \times R_S = \frac{T^{x1} + T^{x0} + T^y}{T^*} \times \frac{S}{S^*} \tag{5-1}$$

其中，T^* 和 S^* 表示以基准出行方式的时间和空间跨度。

现实可供选择的出行方式集与一个确定的出行场景之间必然存在冲突，这是因为：①时空偏好与支付能力间关系的不同普遍存在；②不同交通存在固有的营运特征，造成出行体验不同；③社会环境和条件对出行有较大的限制，如政府购买服务的能力、城市规划中的交通考虑等；④不确定性。在以下的时空冗余分析中，设定为同一主体对完成既定的出行目标存在的不同交通方式的抉择，暂未考虑出行中的不确定性。出行是一种派生需求，避免延误是保证出行价值的必要条件。因此在时空冗余的分析中，以实际发生的事后评价为准。

为了讨论的展开，我们可以使用时间和速度的关系表示空间因素，并将基准方式设定为没有衔接过程的均匀运输方式，所花费的时间计为 T^*。因此：

$$R(\theta) = \frac{T^{x1} + T^{x0} + T^y}{T^*} \times \frac{T^{x1} \times k_1 v^* + T^{x0} \times k_0 v^* + T^y k v^*}{T^* \times v^*}$$

$$= \frac{T^{x1} + T^{x0} + T^y}{T^*} \times \frac{k_1 T^{x1} + k T^y}{T^*} \tag{5-2}$$

其中，k 表示相对基准方式的速度比率，k_1 可以看作步行方式与基准方式的速度比，不涉及空间转换的衔接时空，速度为 0，即 $k_0 = 0$。

$R < 1$ 表示该交通方式与基准方式相比，时空冗余度得到改善，即可以成为基准方式的改进方案，且 R 越小，表示时空冗余的改进效率越高；反之则反。冗余度大小取决于上式分子中的三个变量：T^{x1}、T^{x0} 和 T^y。

以 T^y 为例考察其对时空冗余度的影响，可构造关于运行时间 T^y 的函数：

$$f(T^y) = k(T^y)^2 + (k T^x + k_1 T^{x1}) T^y + k_1 T^x T^{x1} \tag{5-3}$$

若 $R(\theta) < 1$，则 $f(T^y) < (T^*)^2$，

需满足：

$$\Delta = (k T^x + k_1 T^{x1})^2 - 4k(k_1 T^x T^{x1} - (T^*)^2) > 0 \tag{5-4}$$

即需满足：

$$(kT^x - k_1 T^{x1}) > 2T^* \sqrt{k} \qquad\qquad (5-5)$$

若满足，则 T^y 的取值范围为：

$$T^y \in \left[0, \frac{\sqrt{\Delta} - (kT^x + k_1 T^{x1})}{2k} \right) \qquad\qquad (5-6)$$

$R^* \left[\dfrac{\sqrt{\Delta} - (kT^x + k_1 T^{x1})}{2k}, (T^*)^2 \right]$ 为时空冗余度的变点，在 R^* 点左侧，时空冗余度逐渐接近于 1，运输特点符合衔接—运行时空关系的运输方式具有改进时空经济效率的作用。

同理，亦可以考察 T^{x1} 和 T^{x0} 变化与出行方式时空冗余度之间的关系。减少 T^y、T^{x1} 和 T^{x0} 三类时间都可以降低时空冗余，但同时也应看到，如果一种时间的减少会造成另一种时间的增加，则整体的时空冗余改善效果就需要重新衡量。与运行时间相比，衔接时间对时空冗余度的影响具有放大效应，这也与 Small 的定量研究相一致。

本书使用时空冗余指标对个人出行需求与社会供给之间的不匹配进行刻画，选取特定的出行需求（A 地到 B 地），对供给层面五种传统出行方案和五种网约车出行方案进行比较分析。通过实地调查，并结合百度地图给出的数据进行校正，可以粗略地估计不同方式相较步行方案的时空冗余度（见表 5-1）。

表5-1　A地到B地不同交通方式的时空冗余度

方案	费用（元）	T^y	T^{x1}	T^{x0}	时空冗余度
步行	0	90.8	0	1.3	1.000
出租车	27.0	14.8	7.2	9.0	0.055
公交车	4.0	26.2	16.6	15.2	0.182
公交＋地铁	5.0	28.7	29.6	11.7	0.241
私家车	—	14.3	12.0	10.3	0.062
顺风车	17.7	14.8	2.2	7.0	0.042
快车（拼车）	14.7	16.0	3.3	11.2	0.059
快车	19.4	14.8	1.8	9.0	0.045
专车	43.3	14.8	1.2	7.0	0.040
代驾	18	14.8	1.8	13.0	0.052

注：①比较基准为步行方案；②私家车出行成本需考虑车辆购置维护等费用，暂不计算。

可以看出，由于该具体路段的交通时空条件不同，不同方式相对于步行方案的时空塑造效果存在较大差异。在该实例中，网约车专车、快车和顺风车的时空冗余度都比较小，与出租车相比具有明显的优势，而公交车、公交＋地铁等方案时空冗余度较大。其主要原因是该区域地铁网络线路密度和站点密度都比较低，公交车接驳优势不明显，导致公交＋地铁的方案反而更加烦琐。

网约车平台在技术上通过定位、邀约、联络、追踪等方式解决了出租车市场供需在时空匹配上的矛盾，而且一并实现了支付、清算与补贴、服务质量评价等信息的透明化，对于完整出行时空的多个环节都有不同程度的优化，提供的出行服务是高度个性化的特定时空产品。

二、网约车平台的虚拟平台化供给

美国机械工程学会名誉理事普瑞斯与戈德曼、内格尔（1986）在共同完成的题为《21世纪制造企业研究：一个工业主导的观点》的研究报告中，首次提出以"虚拟企业"（Virtual Enterprise）为基础的敏捷制造组织模式。虚拟企业理论研究从问世以来，受到普遍重视。一部分研究侧重从虚拟企业组织、结构、运营与管理的角度研究虚拟企业的实现，另一部分则从技术的角度研究虚拟企业模型设计、敏捷制造、敏捷供应链等实现方法和关键技术。互联网经济的发展改变了企业的时空尺度，减小了企业规模边界，但是扩大了企业的能力边界，在网约车与出租车新旧业态的交锋中有突出的表现。

传统出租车行业实行根据出租车空驶率确定车辆投放量的管理政策。建设部等5部委规定，出租汽车空驶率高于30%的城市和地区，不应投放新的运力。北京市出租车的空驶率基本在30%以上，在需求量较小的时间段内可以达到70%以上。2005年国家发展和改革委员会对36个大中城市的调查发现，平均空驶率为42.4%，只有拉萨、西宁等少数城市出租车空驶率低于30%，天津、太原、呼和浩特等城市空驶率超过50%。这是典型只考虑一般性的思维，忽视了出租车服务的具体时空特征。传统出租车在行驶中，没有平台提供特定需求的信息，司机只能采用巡游扫街的方式揽客，"寻找乘客"的过程，也被认为是供给过剩形成的"空驶"，显然不合逻辑。空驶率也成为地方城市政府懒政、既得利益者抵制放松管制的最佳说辞。

（一）组织方式的虚拟化

分布式供给的核心思想，就是将决策的权力下放到熟悉具体时空环境的供给者，而且以个体身份参与经济活动，在信息技术手段的支撑下，更具有可行性。这是经济系统的重要发展趋势，更是向着人的基本经济权利的回归。正如《世界人权宣言》第二十二条所述："每个人，作为社会的一员，有权享受社会保障，并有权享受他的个人尊严和人格的自由发展所必需的经济、社会和文化方面各种权利的实现。"

2017 年，我国共享经济平台企业员工数约 716 万，比上年增加 131 万，占当年城镇新增就业人数的 9.7%。2019 年，共享经济参与者人数约 8 亿，其中提供服务者人数约 7800 万[①]。通过互联网平台提供预约服务已经成为经济发展中一个重要的趋势。据中国就业促进会发布的《网络创业就业统计和大学生网络创业就业研究报告》，以 C2C 模式见长的淘宝网，通过 340 多万网上店铺，为 900 多万人创造了就业机会。以滴滴出行为代表的网约车平台也取得了不错的成效。从 2016 年 6 月到 2017 年 6 月的一年时间里，通过滴滴平台获得过收入的司机或车主达到 2108 万人，相当于 2016 年全国第三产业就业人员的 6.2%。在新就业人群中，来自去产能行业的职工数量为 393.1 万，包括煤炭、钢铁、水泥、化工、有色金属等产能过剩行业。滴滴为复员、转业军人提供了 178 万个工作机会。Uber 也在促进就业方面发挥了积极的作用。2015 年 8 月，Uber 公司宣布自 2014 年 4 月 UberX 系列推出以来，已经在澳大利亚创造了 15000 个就业机会，100 万名左右的司机加入 Uber 平台。这意味着在 2015 年底，Uber 在澳大利亚创造了大约 20000 个新的就业机会。

经营组织的虚拟化首先是身份的虚拟化。在传统行业，出租车司机通过劳动契约关系与出租车公司建立联系，以职业化的方式提供出行方式。随着驾驶技能在普通民众中的普及和私家车保有量的不断提升，具备从事出租车运营所需能力的人越来越多，有运营意愿的人也越来越多。但是出租车职业身份的获得是一件

---

① 资料来源：http://www.sic.gov.cn/News/568/10429.htm。

非常困难的事情，尤其是在数量管制背景下，出租车牌照价格高企。网约车平台的出现，使得私家车接入出租车出行服务系统成为可能，早期网约车平台门槛非常低，即使网约车新政出台后，私家车车主提供专车服务也要比出租车时代简单得多。职业身份的获得无关乎在什么样的公司、签订什么样的劳动合同，仅与个体具备的服务特征有关，仅需按规定接入平台即可。133 万失业人员和 137 万零就业家庭①在滴滴平台上实现再就业。

经营组织的虚拟化还表现在工作时空的灵活安排上。据统计，滴滴平台上每天出车不到两小时的司机占比高达 50.67%。平台赋权网约车司机，自由决策何时何地进行服务，提供了灵活的安排。企业理论的观点认为，企业之所以将人员招聘到公司，签订劳动合同，按月发放工资并安排劳动任务，是因为如果每一个具体任务都通过市场搜索、谈判并签约的话，对劳资双方都是一笔昂贵的交易费用。在网约车平台出现之后，让这种微观尺度的劳资安排成为现实。需求者可以根据个人的时间安排灵活选择供给时间。这样做的好处：一是可以很好地平衡工作与生活的关系；二是可以将大量碎片化的无效时间利用起来，提供灵活的供给。

网约车虚拟经营组织的方式也赢得了司机的一致好评。在尝试过网约车司机的人中，63.9% 认为工作环境更加舒适，47.2% 认为工作时间更自由，41.7% 认为工作满意度更高，还有 18.1% 的用户认为薪酬比之前的工作更高。

网约车司机与网约车平台达成了一种"个人契约"。个人契约是员工和组织之间的一种稳定契约关系，它是员工与组织之间形成的互惠义务和相互承诺，既有公开的，也有隐含的，其中的心理维度包括相互期望和互惠承诺的成分。这种个人契约与传统劳动法确定的正式契约相比更加灵活。

我国现行法律对未签订正式劳动合同的劳动关系认定，主要考虑三个方面：用人单位和劳动者的主体资格、劳动者受用人单位管理并从事劳动单位安排的有酬活动、形成的劳动是用人单位业务的组成部分。从这个规定来看，网约车司机与网约车平台形成事实上的劳动关系。但应看到，劳动关系中经济属性连接更加多样化，而社会属性和组织属性逐渐剥离出来。过去的劳动关系法律法规出于保护劳动者权益的考虑，努力为劳动者创造稳定、可靠、持续的劳动环境，但是随

---

① 根据滴滴描述，"零就业家庭"是指提供网约车服务获取的报酬为家庭唯一收入来源。

着信息技术与知识经济的发展，营造更加灵活多变的时空场景，使得劳动者可以更加自由充分地发挥自己的能力并获得报酬，成为重要的趋势。

在"网约工"的管理中，再次出现一般时空中的法律和政策制度滞后于特定时空中的经济创新要求的问题。传统劳动关系认定标准不能适应平台经济下新型劳动关系的认定。判定劳动关系的依据还停留在 2005 年印发的《关于确立劳动关系有关事项的通知》，对互联网商业模式的创新还没有合适的应对。就中国的发展情况来看，由于工会并没有被食利群体把持，劳动关系相对较为灵活，为网约车平台和行业的发展创造了条件，为相关秩序的规范预留了充足的时间。新型劳动关系的认定要符合互联网经济发展的趋势和要求，大胆创新，审慎推进。

（二）组织形态的平台化

出租车和网约车领域，供给组织方式的变化经历了由多层级多主体多形式的组织模式向平台化组织模式的转变。

1. 传统出租车管理模式

传统出租车行业起步早、发展快，受各地不同经济社会发展条件的影响，形成了方式多样的组织体系。从组织治理角度来看，住建、交通和公安部门是城市出租业务的主管部门。因为历史原因和城市发展进程的不同，绝大多数城市由建设部管理出租车行业，随后逐步移交到交通运输部门，但是在很多中小城市，多头治理的问题依然存在。行业主管部门的主要职能包括出租车指标投放管理、制定价格标准、维护交通安全、制定服务标准和进行质量监督检查等。行业协会是出租车行业的重要组织，主要功能是规范竞争秩序、保持行业稳定、协助政策落地实施、参与驾驶员培训和处理消费者投诉等，部分城市的出租车行业协会还参与研究运力指标投放计划等。在行业管制严格、牌照价格高企的背景下，出租车公司与出租车司机、出租车司机与乘客之间的冲突频发，出行需求不能有效满足，因此稳定成为行业发展的第一原则。在市场处于滞缓发展的状态下，价格调节供需的功能被限制，转而通过行政管理以更高的投入、更严的标准弥补市场调节失效产生的问题。

司机、车辆和牌照成为出租车服务的基本要素，而且牌照成为其中最为关键的部分，三者关系盘根错节，出现了多种复杂的出租车经营方式（见图 5–2）。

出租车牌照主要发放给出租车公司，少部分发放给个体经营者。车辆主要由出租车公司和个体经营者自己提供。车辆产权和出租车牌照归属的不同形成了多样的经营模式，包括雇佣制、承包制、有限承包制、个体经营制、挂靠制、租赁制等。雇佣制关系最为清晰，司机只提供劳务服务，车辆购置、更新以及运营成本由公司承担。承包经营制下，司机一次性获得车辆和牌照的使用权，自负盈亏，一般承包期限与车辆报废期限相同，到期出租车公司自动收回。有限承包责任制是出租车行业的主流经营模式，司机往往只具有车辆的使用权，通过份子钱等方式获得经营权，自负盈亏。个体经营制下，司机享有车辆的产权和牌照所有权，虽然多地政府要求牌照不可转让，原始产权人往往通过阴阳合同转让经营权。挂靠制则是为了解决出租车个体经营者管理难而形成的一种制度，出租车公司传达通知、代个人办理税费事项等，两者并没有明确的经营关系。租赁制下，司机分别找出租车公司和租赁公司租赁经营牌照和车辆，并支付费用，实际操作中，租赁公司多承担出租车公司职能，后者成为空壳公司。由于出租车公司掌握牌照这一稀缺资源，具有谈判的主动性，在经营模式的演变过程中出现了"风险抵押金""预收承包款"等操作方式，出租车公司成功将车辆购置、维护、更新的成本以及运营风险转嫁给出租车司机，实现轻资产运营，成为管制红利的受益者。

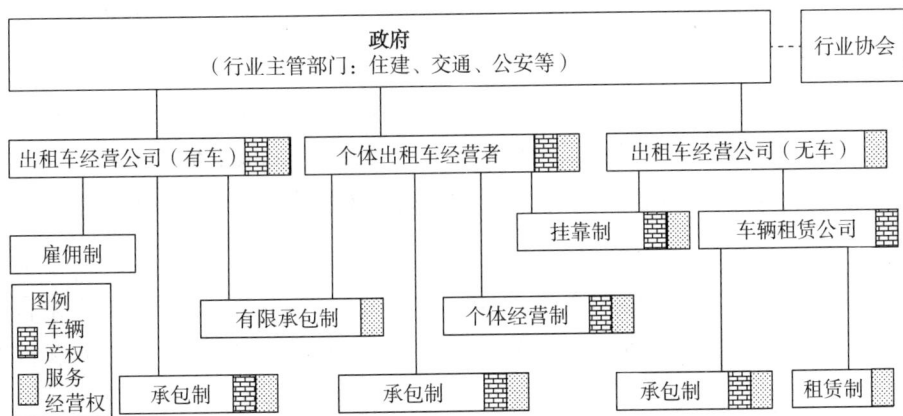

图 5-2 传统出租车行业的组织关系示意图

2. 网约车灰色阶段的四方协议模式

出行服务平台发展出"四方协议"模式（见图5-3）。简单来说，就是通过劳务派遣公司与司机建立联系，通过汽车租赁公司与车辆建立起联系，网约车平台承担了车务租赁的信息中间商角色，平台与乘客之间是无偿的委托付款合同关系，司机和乘客建立了承揽合同性质的驾驶服务协议。事实上，劳务公司和汽车租赁公司并没有参与经营活动，仅仅是为了应对政府监管。

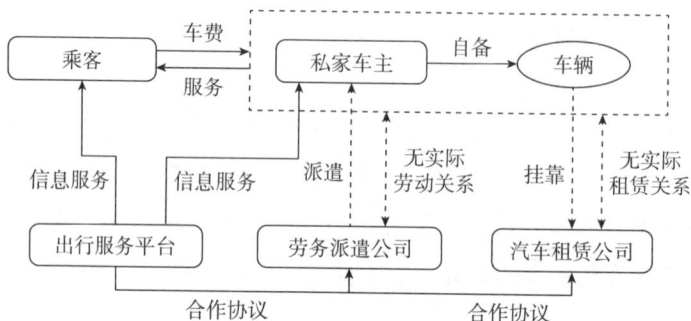

图5-3 网约车四方协议模式

四方协议模式具有较强的灵活性，但也存在明显的问题，由于主体功能定位不清，主体间关系松散，导致权利义务不对等。四方协议的实质是为了解决传统出租车行业的特许经营问题。法律规定特许经营者需符合车辆、人员、管理制度、场所等标准，需满足当地出租汽车发展规划的运力规模要求，通过招标等方式获得出租车经营权，取得《道路运输经营许可证》，出租车车辆还需办理《道路运输证》。《道路运输条例》规定，未取得道路运输经营许可，擅自从事道路运输的，属于违法行为。

四方协议模式下，网约车平台承担了核心协调匹配功能。由于网约车平台定位为信息中介组织，因此在人员、车辆管理和风险承担方面，都需要通过外部合作协议来合作完成。与传统的标准劳动合同不同，网约车司机与平台签订的劳动契约也呈现出多样化的特征，"合作协议""信息服务协议"等成为主流方式。在四方协议修改完善的过程中，形成了很多形式创新、效果显著的解决方案，为平台经济的创新发展提供了启示。

3. 网约车新政出台后的网约车组织模式

《暂行办法》出台后，网约车取得了合法地位，但是行业管理基本上沿袭了传统出租车管理的前置审批思路，在车辆准入、驾驶员准入方面制定了更为详细和严格的标准（见图5－4）。

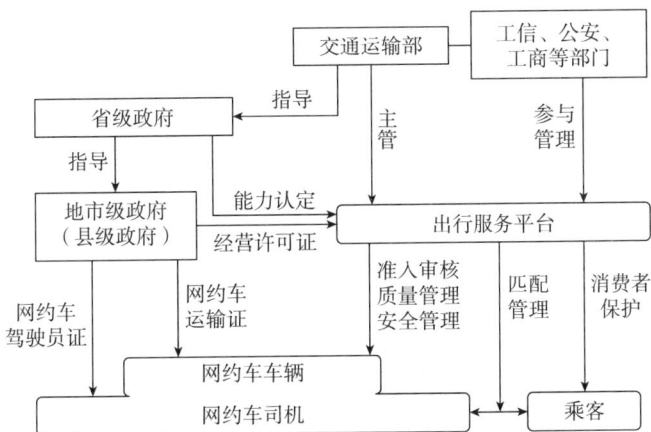

图5－4　网约车新政实施后的行业管理格局

从市场的组织形态来看，主要有以下两个特征：①以"三证"为准入标准的基本管理思路：平台需要获得网约车经营许可证，车辆需要获得网约车运输证，司机需要获得网约车驾驶证。从媒体公开信息报道披露的数据看，北京、上海等超大城市网约车运力将下降80%～90%。②部－省－市－县四级管理制度。国务院交通运输主管部门制定行业规章，其中交通运输部牵头负责行业的整体监管、服务质量的控制和市场竞争秩序的维护，工信、公安、商务等部门对信息、安全、税费等方面进行规范性管理；省级政府主管部门指导本行政区域内网约车管理工作，制定出租车行业（传统出租车行业和网约车行业）健康发展的实施意见，确定基本实施原则；地市级政府主要负责制定具体的实施细则和管理办法；县级政策亦有权力在部、省、市三级管理要求下制定自身的实施细则。

三、网约车平台供需匹配规则的经济解释

如果考虑具体的时空情景，将分散化的需求和分布式的供给匹配到一起是一件无比烦琐的事情，如果没有第三方的参与，几乎是不可能实现的。不管是消费者还是供给者，都只能把握好自己所在的时空，无法对另一端的情况有完全的把握。因此平台必须参与到匹配当中。平台应在多大程度上干预匹配？无政府主义的完全自由显然不可行，而过去过度依赖政府等外部力量的层级式管理也行不通。平台应该以有形的方式、提供柔性的契约，通过信息技术支撑和商业模式创新来实现高效的匹配。

（一）算法主导的平台匹配规则

平台是互联网时代双边市场实现的重要载体，双边市场中价格具有非中性的特征。网约车平台应面向消费者提供产品和服务，制定合理的价格，只有将消费端不断做大，才能实现消费与供给的良性互动。网约车发展早期，市面上主要的打车软件均向乘客收取 3～5 元的费用。滴滴在 App 上线不久就敏锐地发现，向乘客收取服务费会影响打车积极性，于是很快修正了定价策略。然而摇摇招车等先行者并没有及时跟进，2013 年 6 月上线的 96106 北京市电话召车统一平台仍然向用户收取 5 元的调度费，可见传统供给思路在经济系统中的牢固地位。

早期网约车平台的发展也具有明显的供给导向特征。摇摇招车早在 2011 年底就已经成立。摇摇招车最早与汽车租赁公司开展合作，随后通过向出租车司机赠送智能手机开拓市场，并与首都机场达成股权合作协议，摇摇招车还与信用卡公司、通信公司展开合作构建业务闭环，与北京市交委等开展密切合作，加入 96106 电召平台。摇摇招车不断完善供给端布局，获得了稳定发展的环境，但是在需求端却没有跟上互联网快速创新的步伐，没有参与到消费者补贴大战的行列中，在培养用户消费习惯方面处于劣势。到 2014 年，曾经占据北京市打车软件龙头地位的摇摇招车基本退出了消费者视野。

网约车平台具有规范匹配的能力。随着大数据时代的来临，平台获取多样性

海量数据的成本大大降低，获取方式也更加多样化，如此庞大的数据如何高效率地利用起来成为更加重要的问题。平台作为中间层组织，如果将功能仅仅定位为"收集数据""展示数据"，则很难跨越资源恶性竞争的发展拐点，由此产生数据量越大、用户体验越差，平台吸引力下降的退出通道。Lessing（1999）认为，网络空间与现实的物理世界显著不同，因此需要特定的规则来加以规范，计算机代码主导的技术规范就像现实世界中的法律一样，是网络空间可以控制的基础。网约车平台需要通过规范化的算法，来同时克服供需无序竞争和平台过度管理的问题。

在订单分配模式上，各网约车平台均进行了大量的探索，经过大量经验和教训的积累，逐渐形成以派单为主的分配模式。在网约车平台发展的过程中，曾经出现过双向选单、司机抢单、就近派单和综合派单四种模式：

（1）司乘双方双向选单是早期网约车派单的典型模式，在易到用车和滴滴顺风车等模式下，主要采用双向选单方式。双向选单充分尊重了司机和乘客双方的诉求。任何事物都有两面性，双向选单看似最公平、自由的订单分配模式，也存在不少问题。首先，从乘客的角度看，尽快出发是叫车的最大诉求，但是很多乘客并不具备判断哪辆车可以最快接驾并出发的能力，尤其在路况复杂的情况下，反而会增加乘客负担；其次，司乘互选必须经过两次选择过程，在顺风车出行中还牵扯到双方路径协调、价格谈判等过程，并不能被时间敏感性用户广泛接受；最后，司机具有挑单的强烈动机。

（2）司机抢单从供给端考虑订单分配，但是司机有强烈的挑单动机。例如，长途单比短途单更有吸引力，去往郊县的单子很难找到回程单，很多订单途经易堵点会影响司机收入。为了避免这些问题，很多网约车平台都改变了向司机展示完整订单的做法，改为只展示出发点。但是仍然面临着抢单司机不是最合适司机等问题。

（3）就近派单。就近派单是最为简单的订单分配模式，对于乘客来说是及时响应的最佳选择。就近派单不能考虑匹配的集体效益，有时候就近派单会造成区域内其他订单响应时间过长等问题，而且，就近派单模式下，平台的调度功能也受到限制。

（4）综合派单成为网约车订单分配的主要模式。以滴滴专车和快车为例，综合派单最基础的原则是就近原则，同时滴滴考虑了小区域内的均衡，在此基础上进行平衡调度。司机一端，拒绝派单会影响自己的评价分，进而影响后续的接单量。2014年12月，滴滴打车"滴米"调度系统正式上线。该系统可以通过虚拟积分有效规避司机挑单拒单、鼓励司机平衡好单和劣单，最大程度让乘客订单呼叫都得到满足，让乘客获得更好的出行体验。

在综合派单模式下，如何减少人工对匹配机制的影响，设计一套好的算法成为最重要的事情。滴滴云计算搭建了大规模实时分单处理平台，可以实现多维度最佳订单匹配。滴滴大脑每2秒进行一次全局的判断，在庞大的计算中，完成全局最优的智能派单、服务分和司乘判责等。

传统的观点认为，算法体现了人类的智慧，不管多么高级的人工智能，都不可能逾越人设置的算法底线。但是人在其中发挥的作用，并不是越来越全知全能。以Alphago战胜人类棋手来看，在人类引以为傲的围棋领域，人工智能已经完全碾压人类。人工智能在算法方面，并没有完全遵循人类近千年来积累的"定式"，其遵循的是围棋最简单的胜负规则，通过机器学习去"找"最合适的解法。AI背后的人工智能并没有向人类理解的围棋靠拢，反而在什么是围棋这一问题上，给了人类更多的启发。这也将成为人工智能时代人类不得不面对的主要问题。复杂规律交给机器探索的前提，是人类必须圈定最简单、最基本、不可逾越的原则。从网约车平台的数据处理能力来看，高峰期滴滴平台每分钟接收超过3万乘客需求，每次派单背后，滴滴大脑运算次数达到百亿次级别。滴滴智能系统对15分钟后供需预测的准确度已经达到了85%[1]。这已经大大超出传统交通规划和预测的能力。如果滴滴设定的基本原则不正确，则错误会无限放大；而好的原则可以提高平台的匹配效率。

从当前的发展来看，算法在提高匹配方面取得了不错的成效。但是，需要高度警惕，网约车平台在利益驱使的情况下，可能利用算法实施歧视，造成不公平的后果。已有消费者、研究机构对部分网约车平台派单的公平性进行实地调研，发现部分网约车平台存在向自雇司机优先派单、根据消费者习惯实施加价派单等行为，涉嫌滥用市场支配地位。网约车平台需要立足长远，以更加开放、公平的态度实施派单行为。

网约车平台基于中立原则主导订单分配，是保证要素间有序竞争合作、维护市场秩序的内在要求。网约车平台建立在大数据、云计算和人工智能基础上的派

---

[1] 资料来源：http://www.sohu.com/a/127085174_485557。

单机制，以消费者个体需求为主，综合考虑全局供需平衡，调节了网约车出行领域一般性和特殊性之间的矛盾，但也需注意算法歧视等问题。

（二）挂钩派单的司乘互评机制

平台主导的匹配机制，比市场形成价格并以价格指导供需的传统机制要更加灵敏、更加直接。同时，平台通过后台算法将汰劣的过程固定下来，与政府主导的自上而下的服务质量监管相比，调节成本更低。

互联网为开展线上交易活动提供了重要载体，改变了产品和服务供需方的交互方式，提高了用户获得产品和服务的效率，催生了线上经济时代新的商业模式、服务模式和营销模式。平台匹配的重要目标就是建立小规模的市场评价机制，并通过该机制对匹配产生影响，实现择优汰劣的市场竞争过程。司机、乘客双向互评基础上的派单机制，将市场竞争过程显性化。早期网约车平台多定位为完全居间性质的第三方信息服务者，在供需匹配方面，也倡导司机和乘客双向选择，实现自由匹配。随着网约车平台发展的不断深入，双向选择暴露出不少问题，在不断更新的过程中，派单模式逐渐成为网约车平台执行匹配的主要方式，除易到用车、滴滴顺风车等个别模式，绝大多数专车、快车等都实行派单模式。

例如，在滴滴的评价体系中，乘客可以在行程结束后进行评价，评价分为打分和选择标签两部分，评分分为 1～5 共 5 个等级。标签则是系统预设的，高分标签包括车内整洁、认路准、驾驶平稳、服务态度好等，主要是对司机服务能力和态度的评价。低分标签主要是对司机安全意识和行为的评价，包括司机的道路不熟、服务态度恶劣、未提醒系安全带、过路口不减速、打电话玩手机、未提醒开门注意、未坐好就开车、车辆脏破、导航绕路。此外，拼车单还可以针对拼车好友是否多带人、迟到等标签进行评价。每名快车车主都拥有个人专属的服务信用档案和服务分值，在距离、车型等条件类似的情况下，系统将优先派单给服务分较高的司机。一旦车主服务分过低，滴滴服务信用系统则会给予提醒，相应减少派单，给予车主两周时间来提升服务分。如果两周后，车主仍未将服务分提升至及格标准，则会被末位淘汰。在这种机制下，高评分的司机更容易获取高收入。这在滴滴发布的《2017 年滴滴出行平台就业研究报告》中有直观的表达（见图 5－5）。

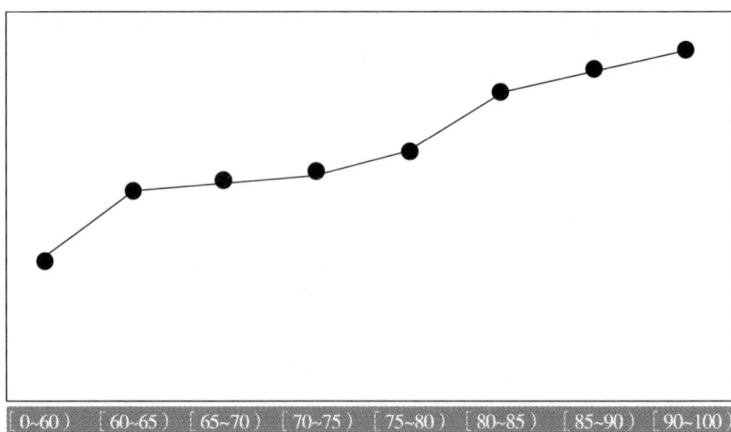

图5-5　平台司机服务分与小时收入关系图（以佛山为例）

资料来源：滴滴政策研究院发布的《2017年滴滴出行平台就业研究报告》。

通过乘客评分对司机进行差别派单从而影响司机收入，是一种快速有效的调节机制。在传统的出租车市场中，通过经济手段对司机服务态度进行调节是一项非常难以实现的目标，原因在于传统市场中，过多的层级和繁复的主体，乘客的反映很难落实到司机收入层面，因此汰劣机制很难发挥作用。

派单模式是否会影响平台的中立性，需要分情况讨论。首先，派单存在是为了避免司机端的挑单行为。乘客关于起点到终点的时间、空间安排都是既定的，顺风车司机、收车回家的专车/快车司机对于起点、终点的时空结构也是既定的。在这种情况下，网约车平台可以对司机开放选单。除此之外，绝大多数司机对于不同的出行时空安排具有偏好，放任司机挑单就会造成供需在时空上的失衡。因此，平台通过技术手段按照出行者的行程特征就近派单就显得很有必要了。其次，网约车平台具有全局信息，由于交通流不可能是完全均衡的，因此通过派单实现邻近区域的平衡也成为必要的手段。

但是在对网约车司机的随机采访中，也有司机表达了对派单机制的不满。这主要包括两种类型：一是为鼓励司机接单，设置了接单奖励，例如，全天达到18单可以获得额外的奖励，而在现实中，网约车平台往往在订单达到15单之后，开始拖延派单节奏，或者连续派发长途单，导致司机很难达到奖励标准。二是有的司机反映，因为有的网约车平台同时存在自营车辆和外部车辆，部分平台还存在签约的外部车辆，导致平台在派单过程中违背时空匹配原则，优先考虑与自己有利益关系的订单。美国加州在制定网约车管理法令中，明确提出平台不得拥有自己的车辆，将其界定为无车承运人，避免了网约车平台既当裁判又当运动员的问题，维护了社会公平。在这一点上，中国恰恰相反，在政策取向上具有明显的鼓励平台自持车辆的特征，因此埋下了平台干预公正匹配的隐患。

网约车平台如果选择以派单方式为主的供需匹配方式，就必须站在中立的角度，通过设计公平的算法，由系统自动派发订单。任何人为影响派单的行为，最终都会影响司乘人员的出行决策，并可能影响到平台的长期发展。

（三）网约车筛选中的汰劣机制

2016 年 7 月，中国互联网协会分享经济工作委员会联合滴滴出行对外发布了移动出行驾驶人员禁入标准（见表 5 - 2），通过"负面清单"的形式，对具有重大犯罪历史、严重治安违法和严重交通安全违法人员，实行"一票否决"，严格限制进入出行平台。网约车出行服务平台与全国违法犯罪人员信息系统、全国在逃人员信息系统、毒品犯罪嫌疑人员数据库、公安交通管理综合应用平台、重性精神病人管理综合信息系统等进行全面对接，可以实时查询平台上司机信息。此前，深圳市交委就建议网约车平台限制暴力犯罪前科人员、负案在逃人员、毒驾人员以及不能承担驾驶任务的精神病人注册网约车驾驶员。《暂行办法》的准入标准基本延续了互联网协会的管理思路。

表 5 - 2　网约车司机禁入条件

禁入类别	具体内容
重大犯罪历史	在逃人员、危害国家安全罪、危害公共安全罪、强奸罪、猥亵罪、拐卖罪、绑架罪、抢劫罪、毒品犯罪、故意伤害罪、盗窃罪、扰序罪、淫乱罪、交通肇事罪、危险驾驶罪
严重违反《治安管理处罚法》	非法限制他人人身自由，非法侵入他人住宅或者非法搜查他人身体，结伙殴打、伤害他人，多次殴打、伤害他人，猥亵他人，吸食、注射毒品，向他人提供毒品，教唆他人吸毒
违反《道路交通安全法》	饮酒后驾驶机动车的，交通事故后逃逸、尚不构成犯罪的，涉牌涉证类违法，无照驾驶，其他扣 12 分的违法行为

资料来源：中国互联网协会分享经济工作委员会。

2017 年 3 月，滴滴公布的数据显示，在其严格的注册审核机制下，共有超 2500 万名"问题司机"被拒之平台外①。2017 年底，滴滴出行与公安部刑事侦查局、公安部交通管理科学研究所以及部分省、市公安部门达成战略合作。依托大数据技术实行驾驶人和车辆的准入核查工作，保证了汰劣机制建立在权威部门的历史数据基础上，提高其有效性。2019 年，滴滴举办媒体开放日，公布在整改期间累计清退了 30.6 万名不合规司机②。

地方细则在汰劣的基础上，出现了明显的"择优"取向，包括对车辆价值、车型轴距、排量等提出了较高的要求，还有一些细则提出的要求既非择优也非汰劣，仅仅是为了减少符合标准的人数。例如，北京、上海等提出了户籍限制，而户籍与司机驾驶技能、乘客的乘车体验并没有直接相关关系。

汰劣机制也有其天然的局限性，在供给主体没有明确的违规行为产生前，很难识别主体的违规动机。2018 年 5 月，某航空公司空姐深夜搭乘顺风车，由驻勤酒店搭乘网约车前往市区途中，被顺风车司机猥亵并残忍杀害。该案件引发了社会公众对滴滴出行能否维护乘车人安全的强烈质疑。该事件中，滴滴为人车不符顺风车提供撮合服务，并通过标签和评价泄露乘车人隐私，负有不可推卸的责任。由于小汽车出行中，司乘双方处于相对密闭的小空间内，乘客对车辆无法进行把控，如果司机心存不轨，就很容易发生恶性事件。这在传统出租车行业也时有发生，例如，2016 年 5 月，同在河南郑州也发生了一起出租车司机奸杀女教师的刑事案件。滴滴出行依托更为先进的互联网信息技术，理应更容易提前发现苗头并及时遏制，但是在空姐案中，滴滴对犯罪司机的一起骚扰投诉并没有处理，对案发当时车辆中途退出并卸载软件的行为没有及时处置，错过了避免重大损失的几次机会，并没有将网约车平台汰劣机制的优势发挥出来。

如图 5-6 所示，在传统出租车行业，汰劣机制非常难实现。一方面，程序烦琐，需要经过不同主体协调、调查等。另一方面，如果司乘双方各执一词，就会造成汰劣过程难以持续下去，除非举报者选择更加严厉的法律程序等。除此之外，传统价值下的处罚措施，或者过轻、或者过松，难以把握处罚的度。即使处罚之后，影响也是短期的，并不影响司机后续的收入情况。在互联网平台的汰劣

① 资料来源：http：//www. finance. sina. com. cn/roll/2017－03－07/doc－ifyazwha4109780. shtml。

② 资料来源：https：//www. xw. qq. com/cmsid/20190706A0905Z00。

机制下，乘客对司机的不满可以得到及时方便的反映，如果系统没有将其判定为恶意差评就会很快体现到司机的评分上，触发后台的派单算法，进而影响司机的收入，而且这种影响是持续的，司机只能通过对后续乘客更好地服务来拉高评分。

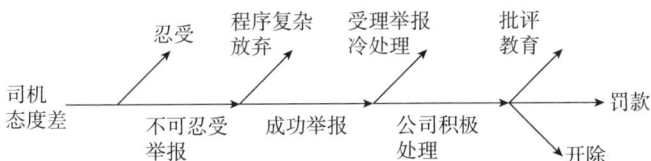

图5-6　传统出租车行业乘客投诉下的汰劣程序

平台要不要提供驾驶特征外的信息，并根据这些信息进行更进一步的精细匹配，是网约车平台"提供更优质服务"和"面临更多风险"间的两难冲突。出租车供给一端，需要的是"具有驾驶能力并愿意提供出行服务"的司机及其车辆。但是人作为一种智慧生物，具有更多的特征。即使专业的出租车司机，也不仅限于"提供出行服务"这一职能。几乎每一个出租车司机都是独一无二的，有的司机风趣幽默，有的耐心细致，有的多才多艺，对于乘客来说，在乘坐出租车时，如果和具有这些特征的司机沟通交流，可以丰富自己的出行体验，提高出行服务的满意度。但是，任何事物都有两面性，出租车司机额外具有的特征，有可能会对乘客的生命财产安全形成威胁，有的驾驶心态差，有的具有暴力倾向，有的谋人钱财，有的贪图美色。其中应考虑几个问题：首先，必须考虑出行者和司机对于平台采集并处理更多标签信息的态度，要给予足够的知情权；其次，从隐私保护的角度看，公开用户数据侵犯了用户权益，也会增加风险，平台应该在用户同意的前提下，通过后台实现额外特征的匹配；最后，对于可能增加司乘风险的特征，平台应格外关注，并建立相应的特别处理预案，将汰劣处理机制延伸到萌芽阶段。

根据国家要求，网约车运营必须持三种证件：《网络预约出租车经营许可证》《网络预约出租汽车驾驶证》《网络预约出租汽车运输证》。网约车平台必须持有《网络预约出租车经营许可证》才能正常运营。随着合规进度的不断推进，各大网约车平台纷纷推进自身车辆合规化、司机合规化进程，但整体合规性依然欠佳。从全国网约车监管信息交互平台2020年12月的统计数据来看，部分头部企业当月新注册车辆合规率不足2%，新增驾驶员合规率不足15%。

汰劣机制能够维护网约车市场要素的多样性和组织秩序。汰劣是针对组织特征进行筛选，能够保留不同层次主体的多样性。汰劣的秩序相对比较缓和，容易实施，但是其剔除不良因素的能力比较强。

四、网约车平台的市场塑造能力与问题

匹配不仅是实现供需撮合的技术手段，本身也是一种市场塑造方式，在这种市场机制下，网约车平台重塑了关注特定时空的这部分出行服务市场。在重塑的过程中有三点值得关注：一是资本与平台商业模式的结合对于促成匹配的必要性；二是平台主导的创新如何拓展匹配的范畴；三是平台是否会垄断匹配并形成社会危害。除此之外，对于网约车平台如何确定发展的第一性原则，维护网约车市场的长期稳定等关键问题，还有待继续深入研究。

（一）资本推动匹配市场快速成型

资本进入平台型组织，甚至主导企业的发展，成为"互联网＋"时代新型组织关系的一大特点。这是由资本逐利的性质决定的，也是由平台企业的自身特征和行业竞争环境决定的。平台企业的价值服从梅特卡夫法则，即网络经济的价值等于网络节点数量的平方；平台用户间也具有明显的网络性，每一个新进入者在平台中的收益取决于已有用户的总量，同时已有用户的收益随后来者的增加而增加。另外，平台型组织也具有马太效应，强者愈强，甚至可能出现赢家通吃的现象。因此，在组织发展的早期快速获取足够多的用户，是企业获得自生能力的重要基础，也是保持竞争优势的关键因素。

从匹配的角度看，当平台市场中要素的多样性缺乏时，用户使用平台获得的效用很可能是一个负数（见图5-7）。例如，用户通过下载客户端、注册、完善信息、绑定支付方式等一系列操作之后，发现平台提供的车辆非常少，如果继续使用平台，必然要经历一个漫长的等待。对于消费者来说，除非平台提供补助来弥补个人损失，否则使用平台服务，无论如何都是不划算的。这就解释了，为什么几乎所有的平台在培育期都会通过疯狂的补贴来拉拢用户；一定程度上也可以解释共享汽车等发展不尽如人意的原因。

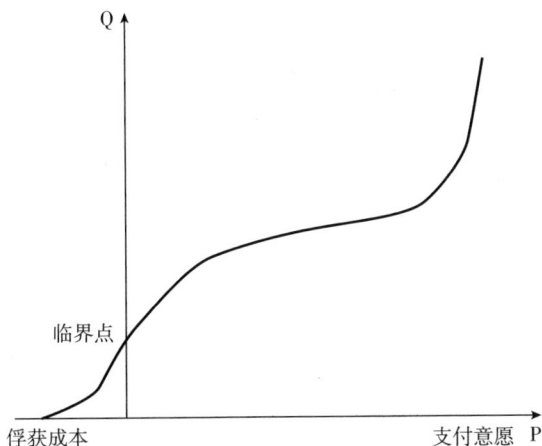

图5－7 平台中网约车数量与用户支付意愿关系

平台型组织以初创期企业为主，以移动互联网技术为支撑，采用最新的商业模式，一般资金紧缺，盈利能力较差，因此依靠内源性融资的可能性比较小；而通过商业银行等传统金融机构贷款，又面临企业评级不高、资信不足、履约能力差等问题，较难获得贷款。平台之间的竞争也更加激烈。互联网平台公司的创新多依靠商业模式的软创新，容易被竞争对手复制，很难建立长期的进入壁垒。在这样的背景下，如果平台企业间提供的产品和服务具有同质性，则具有较强资金背景的企业、对市场反应较快的企业很容易获得领先优势或者超越先行者，并继续保持市场地位（见图5－8）。

因此，平台型企业必须借助外部力量，尤其是新型的金融支持机构来完成早期的用户积累。在健全的创新、创业服务体系下，包括天使投资、私募股权投资等风险资本，政府产业发展基金，大型实业集团和互联网集团，保险、信托、基金等金融机构可以为初创的平台企业提供充足的资金支持。到2017年初，滴滴获得90多个机构和个人投资者的投资。到2018年，滴滴已经获得16次共计200

亿美元左右的融资，融资方包括软银、DST、金沙江创投等专业投资机构，腾讯、阿里巴巴、苹果等互联网巨头，中国平安、中国人寿、招商银行等金融机构，淡马锡、阿布扎比慕巴达拉等主权基金，以及北汽、富士康等实业集团。2017 年全年，交通出行领域共享经济融资规模达到 1072 亿元。王汉斌和岳帅（2016）使用 2014 年快的专车披露的线下推广数据，计算了用户俘获成本，在资本助推下，通过补贴俘获新用户的人均成本在 18 元左右，属于相对较低的水平，显示了大体量资本通过互联网平台集中获取用户的规模优势。

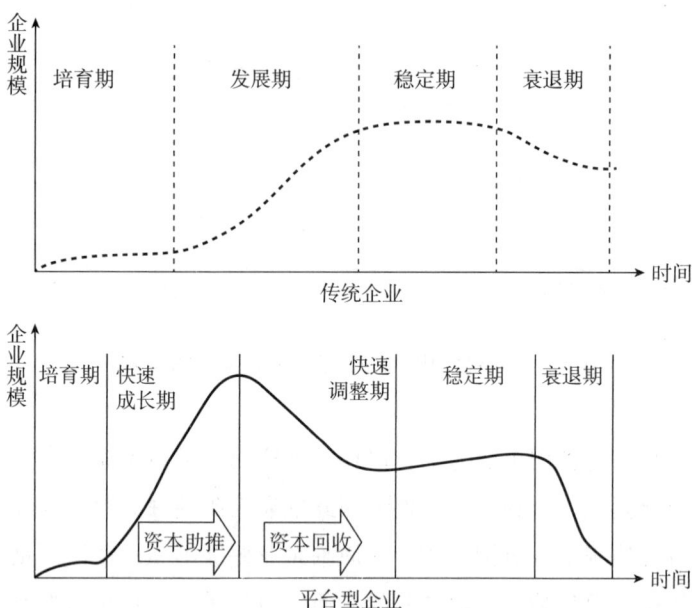

图 5 - 8　传统企业与平台型企业的生命周期对比

2014 年初，以滴滴和快的为代表的打车软件通过在乘客端发放优惠券、在司机端提供多种奖励方案拉拢乘客和司机，这场补贴竞争被称为中国互联网历史上最"血腥"的补贴战争。补贴大战白热化阶段，滴滴每天的亏损高达 4000 万元，两家公司在整个补贴大战中投入了二三十亿元①。补贴大战使得"手机叫

---

① 资料来源：https：//www. sohu. com/a/213059808_ 114760。

车"理念被普通消费者接受，并成为出行习惯。到 2014 年 6 月，快的打车覆盖 2814 万用户，月度使用次数 2.78 亿次；滴滴打车覆盖 2405 万用户，月度使用次数 2.56 亿次。两者合计拿下 90% 以上的市场占有率，不仅顺利达到市场多样化发展所需的平台临界点，也遏制了市场余下 40 多款打车软件成长为超级平台的可能性。

通过补贴来快速获取市场地位的效果是明显的。滴滴快车上线后，滴滴投入了 10 亿元在全国 12 个城市推出"全民免费坐快车活动"，所有乘客可以在次月每个周一免费乘坐滴滴快车。这场活动之后，快车业务"与专车服务相当、比出租车价格还低"的形象深入人心，并快速拓展到全国各大城市。在这一过程中，先行者 Uber 仍然坚持通过小规模的精英运营团队开拓市场，营销活动虽然讨巧，但是地面推广不足，在没有达到市场自生的临界点之前，就已经败下阵来。

互联网平台日订单量达到 1000 万级是一个极具挑战的指标。从互联网经济的角度来看，越过千万级门槛说明企业具备了绝对的渗透率，成为居民生活不可或缺的一部分。平台的网络经济性已经非常强，保证了平台有足够强的自生能力。如此大的流量下，变现更加容易。淘宝实现千万订单用了八年时间，滴滴出行仅用了三年半，而最新的 ofo 共享单车平台仅用了 21 个月[①]。用户消费能力的提升是一方面的原因，但更重要的原因还是越来越多的平台开始与资本深度融合，通过资本的力量推动企业快速成长。

资本的介入帮助网约车平台快速开拓并占领市场，但是也埋下了行业发展的隐患。首先，无论资本以何种形式入场，最终都会要求以较高的收益率立场，而流动性是投资的重要考量，这就造成资本有比较强的动机追逐眼前利益，并施加到公司管理层，容易造成短视决策。其次，资本有较强的动机推动市场强强联合，并产生寡头，占据垄断地位，实施垄断行为。

（二）平台推进服务业态不断创新

1. 渐进式创新

传统出租车行业，实行以出租车经营公司为主体的管理，在这种模式下，公司没有很强的动力去实施差异化管理。出租车车辆具有很强的流动性，叫车用户

---

① 资料来源：https：//www.huxiu.com/article/186601.html。

发出需求的时间和地点也比较随机，基本上没有"回头客"的概念；而出租车公司相互之间也很难区分，车辆外观上的差异很难被用户识别；再加上价格管制，更高的服务也不能获取更多的回报。因此，传统出租车服务并不是面向用户的，欺客、宰客等反而更加普遍。一家高品质要求的出租车公司，既不能将服务质量转化为更多的收入，也很难将其转化为良好的口碑；相反，一家低品质要求的出租车公司，却容易通过控制成本获得更高的利润。虽然政府通过强制手段对出租车服务进行了种种约束，但也仅能尽可能地保证出租车服务不侵害乘客利益，想通过行政手段提高服务质量几乎没有可能。

网约车平台本身是对传统出租车行业的颠覆式创新，在移动互联网技术进步和出行产品的时空结构变迁之下，带来了"互联网 + 交通"业态的重塑。在网约车平台构建的新市场中，产品也在经历创新。在时空契合的背景下，平台具备满足消费时间价值增值的网络时间溢出效应，收入模式、价值创造模式和要素支撑体系不断创新成为经济时空效率提升的内在要求。互联网要素具有渗透性。平台按照需求叠加的频次从高到低组织核心业务、拓展业务、探索业务等的创新（见图 5 - 9）。这样的创新路径比传统创新效率更高。

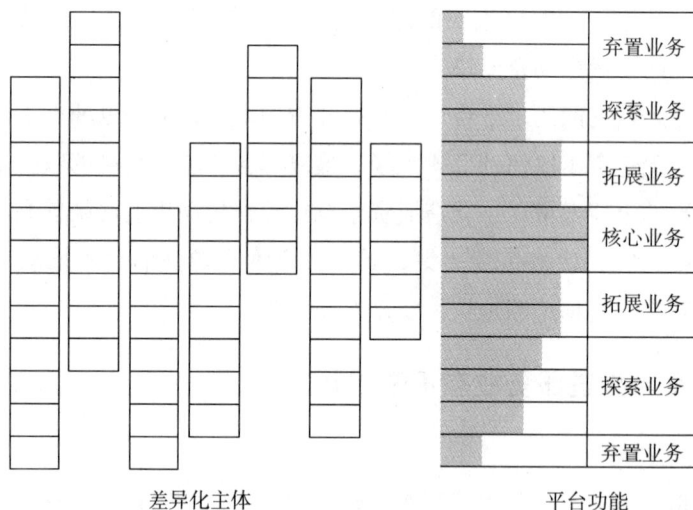

图 5 - 9　基于多样化需求的网约车平台创新

创新的基础是拥有足够多的差异性的资源。平台型组织的优势就在于能够将更多碎片化的资源纳入自身经济体系中，因此具有先天的创新优势。对于互联网产品来说，其创新步伐快，更新迭代频率高，具有渐进式持续创新的特点。

例如，滴滴的产品线创新表现就非常抢眼（见表5-3）。2014 年专车上线，是滴滴在传统出租车之外的第一次创新，开启了中国互联网专车时代。其后的两年多时间里，产品线迅速完善，先后开发了快车、顺风车、代驾、公交、租车、小巴等产品，满足了不同出行者的差异化需求，逐步覆盖了出行领域的各方面。

表5-3 滴滴产品线发展概况

上线时间	产品	主要功能和目的
2012 年 8 月	滴滴打车（出租车）	即时呼叫出租车
2014 年 8 月	专车	私家车提供高端出租车服务
2015 年 1 月	滴滴企业级服务	为企业用户提供出行方案
2015 年 4 月	直达班车	公交车、企业通勤大巴
2015 年 5 月	滴滴快车	私家车提供中低端出租车服务
2015 年 6 月	滴滴顺风车	私家车主和乘客共享通勤出行
2015 年 6 月	滴滴政府版	政府机关出行用车
2015 年 7 月	滴滴巴士	公共出行
2015 年 7 月	滴滴代驾	酒后代驾、商务代驾、旅游代驾等
2015 年 11 月	快车拼车	行程共享，拼车
2015 年 12 月	滴滴巴士包车业务	巴士包车
2016 年 7 月	滴滴租车	车辆租用
2016 年 12 月	滴滴小巴	解决城市出行最后 3 公里问题

资料来源：根据公开报道信息整理。

消费者的需求是多样的，出行场景会因为所处时间和空间条件的不同有明显的分化。网约车平台提供的服务涵盖了大量的差异化出行场景，因此同一消费者选择两种以上产品的可能性很大。艾瑞咨询的调查也显示，85.9% 的用户会选择使用两种以上的出行服务。其中部分需求之间存在明显的关联性，例如，一个偏好专车拼车的用户，在可以提前半小时规划行程的情况下，也可能会选择顺风车服务。两者价格都比较实惠，同时和专车相比，不能完全提供精准时间和自定线路服务，只有提前叫车的时间限制不同。类似的滴滴巴士与包车业务有较强的相似性，滴滴快车中的优享车型和专车有较强的相似性。因此，网约车平台在推出相似功能服务时，可以有针对性地识别目标客户。

除了产品的创新，滴滴在服务上的微创新也在快速迭代中。2013 年 4 月，滴滴上线异地预约功能。2015 年 1 月，滴滴企业级服务上线，专为企业用户提供灵活、高效、可控的一站式出行解决方案。2015 年 6 月，滴滴宣布，推出"滴滴政府版"，为取消一般公务用车的政府机关提供出行用车解决方案。2015 年 10 月，滴滴上线"敬老专线"服务，为不熟悉智能手机的老年人提供出租车呼叫服务，用户可以通过 4006165000 呼叫出租车。2016 年 6 月，滴滴推出"宝贝计划"服务，家长可以预约司机在固定时间接送孩子上下学，这是滴滴推出的第一款针对特定人群的定时预约出行服务。2016 年 8 月，滴滴出租车正式上线"代叫车"，可"一键"为他人呼叫一辆出租车，以方便不使用手机出行软件叫车的人打车出行。2016 年 9 月 26 日，ofo 共享单车宣布，获滴滴出行数千万美元战略投资，双方将在城市出行领域展开全方位合作。

与滴滴相比，Uber 的创新更加激进。Uber 更愿意将自己定位为互联网信息公司，而不愿意承认自己是一家出行服务公司。这与中国的互联网平台企业有很大的差别。因此，Uber 在出行服务以外，开拓了很多新的领域，主要包括快递和货运、送餐服务等。Uber 的 CEO 崔维斯·卡兰尼克曾说过："如果我们能够在 5 分钟内给你叫来一辆车，那我们就能够在 5 分钟内给你送来任何东西。"仅以 2014 年为例：4 月，Uber 在纽约曼哈顿地区推出 Uber Rush 服务，由人力或自行车提供快递派送。8 月，Uber 继续在华盛顿地区测试"同日快递"服务 Corner Store，用户可以通过 Uber 客户端选择在周边便利店购买 100 多种日常用品，Uber 将订单分配给处于空闲状态的司机。测试期间这项服务不收取任何费用，也不限制最低购买额。同月，Uber 在加州圣莫妮卡测试 Uber Fresh 服务，每天中午 11：30～14：30，用户可以使用该服务订餐，司机将餐品送到离用户最近的路边。这项业务后期也被扩展到纽约、芝加哥和海外市场。8 月，Uber 还将触手伸到搬家领域，与短程搬家公司 Bellhops 在亚特兰大和纳什维尔合作推出 Uber Movers 服务。新用户可免费使用该服务，老用户半小时以内也是免费的。2016 年，Uber 将所有非打车服务归入"Uber Everything"的部门，并将其在整个公司的地位进行提升。Uber Everything 的餐饮配送业务已经实现盈利，成为公司的一大亮点业务。

2. 低成本试错

创新不可能一蹴而就，试错是其中不可或缺的环节，也是实现创新的重要路径之一。从滴滴出行的发展来看，平台企业基于多样性要素试错的成本要远低于传统企业，试错的时间也缩短了很多，而且试错形成的经验往往能够成为继续创新的基础，有利于次轮创新中找准需求、提高可行性。滴滴巴士和滴滴公交两个产品的发展可以充分地说明这一点。

2015 年 7 月，滴滴旗下巴士业务"滴滴巴士"正式上线。滴滴巴士定价为 0.4 元/公里，是城市公交价格的 3~5 倍，但与出租车相比便宜很多。在充足的资本储备下，滴滴计划投入 5 亿元发展该业务，并准备将其推广到全国 30 多个城市。2015 年 7 月，滴滴在北京开通 11 条线路，在深圳开通 45 条线路，到 8 月下旬北京地区增加到 100 多条线路、200 多个班次①。2015 年 9 月，滴滴巴士接管考拉班车。后者在北京有 130 条线路，70 多辆班车，日均 5000 多个订单②。到 2015 年 10 月，北京、深圳两地的线路总数达到 700 条，班次 1500 个，服务用户数超过 50 万③。2015 年 12 月，滴滴出行在滴滴巴士的基础上进一步推出巴士包车业务，并计划陆续在上海、广州、天津、南京等 10 个城市上线。滴滴巴士提供按行程包车和按使用天数包天两种方式，有 13 种车型供选择，车内座位数从 7 座到 55 座不等，价格最低为 370 元/辆，最高为 800 元/辆，远低于传统巴士包车或车辆租赁价格。

从行业来看，早在 2013 年北京、上海等城市公共部门就已经推出定制公交服务，随后十多个大中城市也逐步探索建立自己的定制公交服务系统，但是受客流影响，发展情况普遍一般。在"互联网+交通"快速发展的背景下，2014 年国内首家依托互联网经营班车业务的巴士小猪在深圳成立。随后，与网约车行业受到资本市场竞相追捧一致，互联网巴士也站到了风口上。到 2016 年年中，互联网巴士企业达到 20 多家，北京市场上考拉班车、哈罗班车、接我云班车、易道巴士、滴滴巴士等多家企业展开竞争。互联网巴士行业融资总额在 10 亿元左

---

① 资料来源：http://www.chinadaily.com.cn/hqcj/zgjj/2015-08-19/content_14120466.html。

② 资料来源：http://www.tech.163.com/api/15/0916/17/B3LDOBEP000915BF.html。

③ 资料来源：http://www.tech.china.com/news/company/892/20151019/20589596.html。

右，全国 20 个大型城市 5000 多条线路同时运营，提供 to C 通勤班车、to B 通勤班车、旅游包车、短期包车等服务内容。

"互联网巴士"的繁荣并没有持续太长时间，到 2017 年，互联网巴士运营公司普遍收缩服务规模、调整经营方向，很多企业干脆倒闭退出市场。滴滴巴士更名滴滴公交，嗒嗒巴士大幅削减线路，接我云班车、易到巴士和 Ubus 停止运营，其他互联网巴士纷纷收缩 C 端业务，转而重点发展公司班车、旅游包车等。国外方面，2015 年成立的美国最大的互联网巴士企业 Bridj 也在 2017 年年中突然倒闭，该公司以提供城市动态线路调度著称，此前已经连续经营 3 年。相比较而言，滴滴巴士业务虽然也面临试错失败的问题，但是并没有对滴滴形成毁灭性的打击，反而成为其业务体系完善的重要推动力。滴滴作为典型的平台型出行服务企业，与其他仅在业务载体上有创新、尚未形成平台化经营的企业相比，在试错过程中的表现更加从容，结局也并非惨烈。

平台企业可进一步进行特定需求识别与导流。平台可以将新业务的信息快速传递给已有用户，在较短时间内完成对现有用户进一步的差异化画像，并将这部分更加个体化的需求导流到新业务中。网约大巴车与网约出租车相比，出行场景更加单一，需求频次也较低。滴滴在掌握大量网约车运营情况后，可以对大巴车的通勤、团体出行等需求场景进行评价，然后根据判断确定其在整个出行服务中的功能定位。因此，平台企业准备更充分，对风险识别会更加全面。然而嗒嗒巴士等尚未建成一体化出行服务平台的企业，在激烈的市场竞争环境下，必须快速切入细分市场，承受高昂的新用户开发成本，通过大量投入谋求先发优势。即使创新创业的胜算不大，也得硬着头皮往下走，宁愿承担较大的风险，也不能眼看潜在的市场被别人占领。

（三）平台垄断匹配市场的隐忧

根据赵雯（2017）的调查显示，滴滴出行在网约出租车市场占有率高达99.8%，专车市场占有率90%以上。单从市场占有率来看，滴滴出行具有绝对的市场垄断地位。也有学者认为：滴滴出行造成高转移成本壁垒、资本壁垒和技术壁垒，使潜在竞争者很难进入市场范围内，事实上实行了垄断行为；滴滴平台的动态溢价算法也不透明，可能是滥用市场支配地位的行为。

互联网平台的网络经济性具有强者通吃的特征，决定了网约车平台市场一定会出现获得垄断地位的超级平台。平台赖以生存的是广泛多样的需求和供给要素，垄断一定会对经济组织和经济要素的多样性构成威胁。同时互联网快速创新的节奏下，平台几乎不会主动实施垄断行为。但是也应看到，在平台早期成长中起到助推作用的资本力量，乐见并且推动平台实施垄断行为，有可能成为平台垄断的外部因素。

未来的垄断可能是基于时间的垄断。小步快走的创新使企业很难获得垄断地位，或者获得垄断地位往往来不及实施垄断行为市场环境就已经改变了。一个有意思的现象是：传统学科的高水平研究体现在顶尖学术期刊，一篇文章从录用到见刊动辄两三年的时间；而在计算机领域，代表高学术水平的是学术会议，论文发表周期只需要半年左右。我们现在的专利制度、网络知识的保护等都严重滞后于互联网创新的需求。传统经济中的垄断是基于独特产品和基础设施的垄断。前者如可口可乐掌握独家配方，在汽水饮料市场保持了几十年的绝对领导地位。后者如中国铁路依靠路网的网络经济性保持垄断地位。在基于时间的垄断中，除非出现可以大幅领先同行且极难被复制的创新，才能使企业在较长时间内可以从容地实施垄断行为。然而在互联网快速创新的背景下，这样的创新优势几乎不可能存在。

"平台型企业"并不具备垄断基因。平台型企业具有中间性、开放性等特点。平台为市场提供了一种有形的组织方式，使供需匹配更广泛、直接。保持资源的多样性，是平台生存下去的基础，利用垄断地位抬高价格等只会减少平台资源的多样性，然后差异化需求更难实现导致用户流失，因此造成恶性循环，平台可能在很短时间内就会崩溃。人人网就是一个典型的例子，从鼎盛时期日均活跃用户2000多万到濒临破产，主要原因有两个：一是为了尽快将流量变现，纵容具有广告性质的大V以庸俗的吸睛内容霸屏；二是强行推广官方出品的应用和功能，这些新应用与用户的需求存在较大的偏差。因为偏离平台定位，更多地去操纵流量，严重影响了用户体验，导致校园实名社交领域的领先地位转瞬即逝。这样的例子并不在少数，新浪微博在2013年用户量达到5.03亿，是中国最成功的信息发布和交流平台。但是随着营销号、打榜、侵权洗稿以及无休止的粉丝口水战泛滥，微博逐渐盛极而衰，优质内容占比不断降低。

网约车平台作为运营组织，并没有突出的、不可复制的竞争优势。因此，以滴滴为代表的大网约车平台始终受到小网约车平台的威胁。2018年3月21日，美团打车正式在上海上线出租车、快车业务，首日订单量就突破 15 万单，首周完成 220 万人次出行服务，拿下上海网约车近 30% 的市场份额。其中 40% 与美团点评的餐饮、住宿、旅游等休闲娱乐场景相关①。此前美团在南京试水成功，已经持续经营了十个月，日均订单量达到 10 万单左右②。2018 年 4 月，易到宣布在全国 47 个城市施行"免佣金"政策，并下调打车费率，价格与市场上同类型专车服务相比低了 30% 左右。此前易到因投资方问题，陆续出现司机报酬不能按时发放，消费者押金退还难等问题。在新政策的刺激下，市场反映积极，一举扭转了连续一年多用户量持续下降的颓势。从众多中小平台营销推广的结果看，都取得了不错的市场反响，对滴滴等传统优势平台形成了很大的竞争压力。

平台自身没有利用垄断地位实行垄断行为的动力，但是在平台早期发展中大量投资的资本方具有强烈的变现需求，有可能成为滴滴利用垄断地位实施垄断行为的压力。滴滴、快的合并就是在资本的牵线下完成的，合并之后，网约车市场的补贴大战暂告一段落。2015 年，滴滴平台交易额约 347 亿元，收入 26 亿元，净亏损 122 亿元。2017 年，滴滴的 GMV（交易总额）达到 250 亿 ~ 270 亿美元，主营业务亏损 2 亿多美元，整体亏损 3 亿 ~ 4 亿美元③，亏损面收窄，但前景依然不明朗。Uber 公财报显示，2019 年全年净亏损 10.96 亿美元，连亏十年。

在平台发展初期，为最大程度获取用户争取市场地位，提高双边市场的黏性，企业会积极争取资本市场的支撑，通过低价促销甚至亏本经营的方式开拓市场。市场格局成型，价格和供求关系稳定后，也会有新的进入者试图通过重复价格屠夫的手段来获取市场。这些市场竞争行为，短期内会为消费者带来高性价比的服务；但是长远来看，任何商业经营都以营利为目的，前期的亏损往往通过后期获取市场地位后，得到加倍的补偿。资本必然会关注盈利前景并通过实际行动实现有序退出。

（四）安全：平台经营的"第一性原则"

任何行业都应重视行业的第一性原则，即行业发展中不可触碰的底线和原

---

① 资料来源：http：//www. tech. sina. com. cn/i/2018 - 04 - 02/doc - ifysvnwp7371115. shtml。

② 资料来源：http：//www. sohu. com/a/226710997_ 324659。

③ 资料来源：http：//www. sohu. com/a/226684703_ 313170。

则。就交通出行来看，保障出行人的生命财产安全显然是第一性的原则，出行的便利性、经济性等都应服从安全第一性原则。

网约车平台的匹配功能已经不仅限于经济匹配，在一定程度上也承担了部分社会治理职能。不管是作为信息中介还是作为承运人，网约车平台在为供需双方提供匹配服务的同时，也将消费者安全与隐私保护等责任承担起来。一方面，因为去中心化的匹配机制中，责任主体不明确，司乘双方都需要一个明确的主体来明确权责关系；另一方面，平台自觉承担责任，也是维护平台用户基础并实现良性发展不可或缺的部分。

在网约车快速发展的过程中，暴露出了很多的安全问题，如司机危险驾驶、辱骂殴打消费者、侵占财物、性骚扰等。虽然这些问题并不是网约车独有的，在传统出租车行业也时有发生，但是网约车作为新鲜事物，受到更多的关注，危害性也被放大。从外部治理来看，交通、公安等部门制定了一系列配套措施来解决这一问题。《国务院办公厅关于深化改革推进出租汽车行业健康发展的指导意见》就将"保障乘客安全出行和维护人民群众合法权益作为改革的出发点和落脚点"作为第一条改革原则提出。《暂行办法》也做出了相应的规定。不少地方政府在实施细则中对网约车的安全硬件作出规定，如要求加装车载摄像头、一键报警装置以及专门的 GPS 终端等。

政府管理部门的规定中，一部分已经可以通过手机软件来实现，没有必要增加额外的硬件设备；还有的内容，网约车平台公司考虑得更加细致，效果也更好。例如，神州专车在每辆专车上都安装了车载自动诊断系统，实时监测车辆运行状况和司机的驾驶行为，每 5 秒上传一次，信息覆盖全面，更新频率高、速度快。移动互联网时代，以手机为载体的监测类应用较传统专业机载设备更简单快捷，通过读取手机传感器、GPS 等信息，对司机的实时驾驶状态进行监测和危险提醒，成为安全驾驶的有力助手。

平台比政府更早关注乘客的安全问题并提供了多样化的解决方案。早在 2015 年 3 月，滴滴和快的就联合发布了《互联网专车服务管理及乘客安全保障标准》，从车辆准入条件、车辆监管标准、司机准入等方面进行了初步规范。2016 年 1 月 14 日，滴滴成立安全管理委员会，推出基于大数据技术的智能交通安全保障体系，同时为司机和乘客推出滴滴平台司乘意外综合险，而且开通了先行赔付的服务。2016 年 6 月起，滴滴逐步建立起包含分享行程、紧急求助、号码保护、人像认证、车型一致等功能的安全防卫体系，据 2017 年 4 月滴滴披露的消息，滴滴每天拒绝 3 万个不符合要求的注册申请，每天 2500 万次以上的号码保护服务，日均超过 20 万人次使用分享行程功能，紧急求助保持全天候在线，人像认证覆盖所有开通滴滴服务的城市。2016 年，滴滴每百万单交通事故死亡率和每亿公里交通事故死亡率分别为 0.021%、0.28%，大大低于传统出租车行业的 0.037% 和 0.47%。此外，滴滴出行还推出了"百川"司机培训体系，为司机提供系统的安全驾驶培训。网约车平台公司也将交通安全的宣传作为己任，与交管部门、公益组织、汽车厂商等联合举办安全驾驶宣讲、急救培训等活动。Dills 和 Mulholland（2018）使用 2007～2015 年美国市级统计数据研究发现，Uber 的使用降低了酒后驾车致命事故的发生率。

大数据时代，得益于先进的信息技术条件，消费者基于网络的任何行为都将产生可记录、收集和整理的痕迹。未来物联网和互联网相结合，人终身的行为都可能被完整地记录下来。大数据不仅可以获取这些数据，而且可以通过算法设计对数据进行挖掘，继而得到隐秘的规律，出现数据比消费者本人更了解其消费需求的现象。这在很大程度上可以为消费者提供便利，满足消费者的个性化需求。但也存在非常严重的隐患，一旦隐私泄露，消费者的合法权益非常容易被侵犯，造成不可逆的影响。虽然数据安全受到人们越来越多的重视，同时也应看到，消费者对共享数据呈现出更多理解和支持的态度。2017 年凯捷调查发现，89% 的消费者愿意在网上共享车辆数据，76% 的消费者愿意共享驾驶数据。2015 年自愿或在一定条件下会共享数据的受访者仅有 80%[①]。

毫无疑问，平台在承担经济匹配功能的同时，也承担了一定的社会治理功能，通过技术和制度安排，保证匹配的安全可靠性。政府应该与平台展开合作治理：政府管平台，平台管车辆和司机。专车等"互联网＋交通"方式的创新，不可避免地会在客运安全和市场秩序方面产生问题，但是多数问题可以通过技术手段或制度设计加以规范。凡是平台可以通过市场方式解决，并且与社会公众利益不冲突的部分都可以充分放权。同时，平台没有动力履行安全管理职责时，需要行业主管部门和行政执法部门制定框架性的监管方案，进行制度化、系统化的有效监管。

---

① 资料来源：http://www.36kr.com/p/5079252.html。

本章小结

　　本章将注重特定时空视角的平台化供需匹配框架应用到网约车平台的具体分析当中。从需求角度看，场景构建能力是平台能否面向消费者提供服务的重要检验标准，绝大多数消费者选择网约车平台时看重其需求响应速度和派单等待时间。首先，网约车平台依托移动互联网信息技术，克服了信息传递的时空阻碍；其次，网约车平台通过流程优化减少了出行中衔接、等待等无效时空环节；最后，网约车平台通过调动大量碎片化、分布式的供给满足消费者的个性化需求。从时空冗余度的测算来看，与传统公交方式、出租车和私家车相比，网约车在没有显著增加成本的同时，大大降低了出行的时空冗余度。从供给角度看，网约车为大量社会富余劳动力提供了灵活就业的机会，通过职业身份的虚拟化和时空的虚拟化，大大充实了供给，而且网约车平台的组织方式与以传统出租车公司为中心的组织方式相比，更加松散灵活。现有法律法规在劳动关系确认和组织方式规范中还存在不少问题。

　　网约车平台主导订单分配是保证要素间有序竞争合作、维护市场秩序的内在要求，网约车平台建立在大数据、云计算和人工智能基础上的派单机制，以消费者个体需求为主，综合考虑全局供需平衡，调节了网约车出行领域一般性和特殊性之间的矛盾。司机、乘客双向互评基础上的派单机制，将市场竞争过程显性化，建立起有形的小规模市场评价机制，评分对个体供需的动态调节更加灵敏。网约车平台以"汰劣"为主的选择机制可以针对组织特征进行筛选，将大量差异化个体留在平台上，维护了网约车市场要素的多样性和组织秩序。地方细则中"择优"倾向明显，对网约车平台发展形成了阻碍。

　　网约车平台不仅可以对存在的供需进行匹配，还可以通过匹配塑造市场，形成良性互动。在资本助推下，网约车平台通过补贴等方式俘获用户，完成市场所需基础用户的积累过程，快速突破平台经济发展的瓶颈，并形成竞争优势。平台基于已有用户的画像特征进行匹配内容的拓展，通过快速试错和渐进式创新，不断丰富市场业态，同时提高了用户黏性，增加了平台转移的成本。平台因存在网络外部性，具有形成垄断地位的基因，但是实施垄断行为可能会排挤平台中的经济要素，而平台也很难掌握时间上绝对领先或者空间上绝对排他的创新，因此并没有垄断的动机，但应看到资本具有逐利性，是平台实施垄断行为的外部压力。平台还承担了一定的社会治理职能，从交通运输行业的本质来看，保证出行者的生命财产安全是行业发展的第一性原则，网约车平台已经出台了较为健全的保证措施，但也应看到，在利益驱动下，存在侵害消费者安全权益的隐患。加强安全治理应成为网约车管理的核心问题。

第六章
网约车新政评述

亚当·斯密认为，政府的干预是自寻烦恼、有害无益的。政府的职能只限于：①保护社会使其不受其他独立社会的侵犯，即国防功能；②保护社会上的每个人，即司法和行政管理职能；③建设并维护公共设施，即提供公共服务。经济学理论中的公共物品理论认为，由于部分物品存在非竞争性和非排他性，单纯依靠市场调节可能存在资源过度消耗或者"搭便车"的行为，企业和个人不愿意或者很难提供该类服务，政府应该在公共物品的提供中发挥主要作用。但从理论上和实践中来看，私人供给公共物品非常普遍，并且随着技术手段的进步和商业模式的创新，越来越多的准公共物品也被纳入私人供给范围。对网约车平台而言，符合准公共交通性质，是城市出行服务体系中不可或缺的部分，而且部分参与到社会治理中。"互联网＋"出行对现有管理体制的供需关系形成了冲击并促进其改革。对网约车平台政策的分析具有理论和现实意义。

一、中外网约车平台管理政策总结

（一）管控治理：国外网约车平台管理政策

出行服务平台在打破传统出租车行业管制、为公众提供更为便利的出行服务的同时，也产生了一系列新的问题，包括提供服务的合法性、消费者权益保护、平台企业与司机之间的劳动关系界定等。这些问题归根结底都是新旧业态冲突的结果。直接的冲突来自传统出租车企业既得利益者的强烈反映，间接的冲突则是已经成型的商业惯例和滞后的法律法规。从 Uber 的发展经历来看，其与政府管理者、立法机构、工会和其他社会组织都发生过不少冲突（见表 6 - 1）。

表 6 - 1　2014 ~ 2015 年 Uber 在全球遭受的诉讼与管制

时间	审查/诉讼机构	事由	审查、管制要求
2014 年 3 月	西雅图市议会	保护传统的出租车司机	限制优步、Lyft、SideCar 等共乘服务的驾驶人数，标准为每项服务不超过 150 人
2014 年 5 月	澳大利亚墨尔本政府	非法营运	向 Uber 司机发出"侵权通知"
2014 年 9 月	德国法兰克福地方法院	Uber 给当地出租车行业带来了不正当竞争	禁止 Uber 在德国提供部分商业化服务
2014 年 12 月	印度	司机性侵案	禁止运营
2014 年 12 月	美国波特兰市政府	未取得适当许可	暂停在市内营运
2014 年 12 月	内华达州	违反计程车规范	发出禁令
2014 年 12 月	韩国首尔中央地方检察厅	提供非法出租汽车服务、增加乘客的安全风险和危及正规出租汽车生计	向 Uber 创始人特拉维斯·卡拉尼克、Uber 韩国法人以及租车公司 MK 韩国代表签发起诉书
2014 年 12 月	法国内政部	Uber 通过提供 UberPop 服务，获得不公平的竞争优势	全国范围内禁止 UberPop 的运营
2015 年 3 月	日本交通部	违反道路运送法，在汽车保险问题上不透明	停止在福冈市进行拼车业务试点
2015 年 5 月	美国堪萨斯州立法机构	立法争议	推翻州长对打车服务的立法否决，该法案要求 Uber 等为司机提供全面的碰撞保险，并接受堪萨斯州调查局的背景调查
2015 年 5 月	韩国国会		禁止私家车主提供出租汽车服务
2015 年 6 月	法国消费者协会	应用软件知情协议完全倒向了企业一边，Uber 承担的责任有限，个人数据隐私保护不力	

时间	审查/诉讼机构	事由	审查、管制要求
2015 年 7 月	英国工会组织 GMB	未能为司机提供基本的员工保障	对 Uber 提起诉讼
2015 年 9 月	美国加州联邦法院	雇员关系及雇员待遇集体诉讼	为 16 万名雇员提高薪资水平、福利待遇
2015 年 9 月	比利时布鲁塞尔商业法庭	未获相关许可	判决 Uber 低价拼车服务软件 UberPop 非法
2015 年 9 月	巴西圣保罗市议会	出租车司机的游行抗议和出租车行业工会的施压	宣布禁止使用 Uber 打车软件

资料来源：根据媒体公开报道整理。

网约车的发展是城市重整交通基础、调整陈旧的规章制度和瓦解根深蒂固的利益集团的重要契机。在监管纠纷不断的情况下，部分国家和地区也积极完善法律，为 Uber 的健康发展、化解新旧行业矛盾等提供支撑。在这一过程中，绝大多数机构倾向于促成创新，而非传统的抑制创新。典型的如美国加州通过设立专门的交通网络公司（Transportation Network Companies，TNC）类别，将 Uber 等网约车平台公司纳入监管。2013 年 9 月，美国加州公共事业委员会正式承认网络约车服务的合法性，并对 TNC 作出相对宽松的准入规定，给予 TNC 自主决定价格的权力。加州经验被美国大量城市借鉴，并在实践中得到继续完善。美国多个州都已经将网约车监管纳入法律和行业政策管理框架内，基本上将网约车界定为无车承运人，同时也针对互联网企业公司的特征，制定了较为宽松的管理措施。

（二）审慎包容：中国国家层面网约车管理政策

中国出租车行业的管理体制虽然存在不少瑕疵，但总体上看体系健全完善。1998 年全行业的规范性文件《城市出租车管理办法》就已经出台，到 2014 年新的《出租车经营服务管理规定》颁布，传统出租车行业经过了野蛮生长、全面整顿、规范健全的发展阶段，确定了由市一级出租车数量管制和价格管制的基本经济原则，由此也造成了全行业十多年来发展停滞、供需矛盾等突出问题。在手机打车出现之后的很长一段时间内，行业监管政策都属于空白状态。其主要原因在于电召出租车等较为个性化的出租车叫车方式还没有纳入政策考虑范畴，网约车方面相关的研究还很缺乏。

2014 年 5 月，交通部发布了《关于促进手机软件召车等出租汽车电召服务有序发展的通知（征求意见稿）》，要求着力营造统一、开放、公平、有序的发展环境，平台运转不得影响手机召车软件正当功能和良性竞争。该文件正式稿于 2014 年 7 月颁布，此举可以看作政府对传统出租车行业监管空缺进行补课，是对新时期"互联网＋"出行带来变化的仓促应战。交通运输部多次到互联网平台企业调研，先后征集传统出租车企业和司机、社会公众、省市出租车主管单位以及行业专家的意见和建议。2016 年 7 月 26 日，国务院办公厅发布了《关于深化改革推进出租汽车行业健康发展的指导意见》，27 日，交通部、工信部、公安部等 7 个部门联合颁布了《网络预约出租汽车经营服务管理暂行办法》（以下简称《暂行办法》）。我国成为世界上首个在全国范围内承认网约车合法地位的国家。随后在 2016 年 9 月我国出台了《出租汽车驾驶员从业资格管理规定》和《巡游出租汽车经营服务管理规定》，制定了较为详细的政策框架。从总体上看，国家部委相对比较开明，政策的制定过程征集各方意见和建议，审慎推进政策制定。民众对国家层面网约车新政的态度也比较积极，据统计，60% 的公众对新政的出台持满意态度，仅有 20% 的公众表达了"失望"的情绪。

（三）从严管理：中国地方城市网约车管理政策

地方政府和交通运输部表现出了截然不同的处理态度，对网约车始终保持从严监管的态度。早在 2013 年 4 月，武汉市交通局客管处就发布紧急通知，要求出租车企业监管驾驶员严格按照物价部门核定的收费标准执行。2013 年 5 月，深圳市交通委内部下发了关于强制要求司机卸载手机打车应用的通知。随着叫车 App 跨界推出专车、快车等新服务，大量私家车涌入出租车市场，给行业监管带来了真正的挑战。2014 年 11 月，沈阳率先叫停了"专车"服务。2014 年 12 月，上海市交通委表态，只要提供服务的车辆和驾驶员没有客运经营资质，都属于非法客运行为。2015 年 1 月，济南市滴滴专车司机被执法人员查处，车辆被暂扣，司机被认定为构成非法营运。此案被称为"专车第一案"。2015 年 5 月，Uber 广州公司因涉嫌未办工商登记和组织私家车运营被广州市工商、交委和公安部门联合查处。同月，武汉市交委要求专车公司清理私家车，洛阳市工商联合执法查封滴滴、快的办事处，济南市要求所有出租车驾驶员卸载手机中的打车软件。2015

年6月，北京市三个部门共同约谈"滴滴专车"，明确指出该公司业务违反了现行法律法规的规定，不得接入私家车从事客运服务。2015年8月，武汉市要求专车企业自查自纠，禁止私家车接入专车平台，深圳交委也明确指出，私家车加入互联网平台参与营运属违法经营行为。

网约车领域钓鱼执法的案例屡屡爆发，造成了很大的行业隐患，严重影响了社会稳定。早在2015年6月，广州就发生了疑似交委钓鱼执法专车的事件。杭州两名出租车司机疑似"钓鱼"专车司机，引发专车司机集体反弹，现场一度失控，对社会稳定形成极大的压力。山东省平度市针对网约车的钓鱼执法俨然成为一门令人生畏的"生意"，形成了稳定的利益链条。2016年，多名网约车司机遭到山东某地交通局"钓鱼执法"。调查发现，社会人员以乘客的身份通过滴滴平台下单，目的地正是与平度市交通局约定好的地点，上车后将司机的牌照等信息发送给交通局。一旦到达指定地点之后，交管部门立即按非法营运处理，据报道笔录都已经提前做好，司机签字画押交罚金后才能走人。社会人员通过帮忙"钓鱼执法"获取报酬，每次可获得酬劳200元，按周结账。收取罚金并进行分配成为执法人员的主要目的，而"维护市场公平竞争秩序"却被抛之脑后，本末倒置。

因网约车政策不明朗导致的新旧业态矛盾也不断激化。武汉市汉阳区运管部门对一名专车司机进行查处并扣车，引发上百名专车司机的武力对抗。2015年1月，长春出租车司机连续两天罢运，并与警察对峙。2015年5月，郑州市发生专车与出租车冲突，情绪激愤之下更演变为砸车事件。2014年以来，网络可查的新旧业态冲突事件超过百起，反映出新业态的强大冲击力。

从互联网出行服务的管理来看，政府的不少行为都存在争议。例如，在网约车已经出现一段时间并发展到成熟阶段之后，地方政府还希望通过建设自有平台或者支持传统出租车企业平台来替代网约车平台。2013年6月，北京市96106出租召车平台正式上线，该平台覆盖了所有出租，不久之后官方打车软件"飞嘀打车"App在"96106"平台正式上线运行。然而与市场竞争的产物"滴滴打车"相比，该平台的运行效率并不高，而且平台还需要加收电召费，并要求出租车司机确保每车每天执行2单电话叫车业务。半年之后，北京市"96106"平台解散。广州市交委牵头搭建的约租车平台"如约"至今没有推出，反倒是4家国有出租车公司借此机会新增了约租车指标。据不完全统计，所有政府主导自建的网约车平台，无一例外都以失败告终。

省级管理部门的态度对地方政策的实施也有很大的影响。例如：贵州和河南态度比较开明，各地级市的网约车实施细则也偏宽松；山东多个地级市对网约车车辆价值有较高的要求；广东不少地级市对车辆轴距、车龄等要求偏高。

新旧业态之间的不平等难以在短期内，通过简单的政策文件进行规范。在这样的背景下，传统行业的利益代表者，尤其是出租车行业协会等组织，要求网约车参照传统出租车行业进行管理。这种"就高不就低"的政策诉求对于培育新业态、扭转供需失衡的状态显然不利。因此，有序放松传统行业的管制，建立更加市场化的出租车市场更加紧迫。

二、地方网约车实施细则的适应性研究

为了评估各地网约车政策的严格程度，本书收集了 155 个地级城市已经正式公布的地方网约车实施细则（包括试行文件，不包括征求意见稿），时间截至 2017 年底。本书通过对文件条款进行研究，确定具有共性的、便于统计的若干项评判标准，并形成地级以上城市网约车新政严格指数（s）。运作良好的平台生态系统架构是网约车类共享经济健康发展的根源，而车辆和司机是生态中必不可少的基本要素，过于严格的网约车管理政策有碍平台生态的多样性发展。因此本书关注的网约车实施细则严格程度评分，也聚焦网约车车辆准入标准和司机准入标准两方面，具体设定了如下具有代表性且易于量化的指标。

车辆价值准入（s1）：《暂行办法》提出了"高品质服务、差异化经营"的车辆标准和营运要求。从各地细则的统计来看，仅仅 48 个城市没有设定车辆价值标准，仅占总数的 30% 左右。43 个城市规定网约车应比当地巡游出租车价格高出若干倍，未设定具体价值数额，最高要求为 2 倍。余下城市均对裸车价或者完税价提出了具体标准。在实际排序中，将所有裸车价按照国家和地方税务标准折算为完税价；按巡游出租车倍数要求网约车车价的，巡游出租车按照 10 万元计算。

车辆技术标准准入分为轴距（s2）和排量（s3）两项：《暂行办法》对这两

项也均未提出具体要求。仅有 44 个城市没有设定轴距和排量准入标准。94 个城市提出了轴距要求，最低的为 2600mm，最高的为 2710mm。76 个城市设置了排量标准，最高的要求 1.95L 或 1.8T。因为轴距和排量具有较强的相关性，地方政府也多设定两者满足其一即可。因此，在计算整体严格程度指数时，取两者中的大值作为技术标准准入的评价得分。

车龄准入（s4）：《暂行办法》未对拟从事网约车业务的车辆设定车龄限制，但提出了"使用年限达到 8 年时退出网约车经营"的要求。地方政府层面，仅有 24 个城市没有规定车龄，有 5 个城市要求车龄在 1 年以内，111 个城市要求车龄在 3 年以内。少数城市在车龄之外还对行驶里程进行了规定，排序中也考虑了这一因素。

司机准入（s5）：《暂行办法》中对网约车司机的准入限制较少，出于安全考虑对犯罪记录、驾驶记录等有要求。地方规定中主要增加了司机的户籍与居住证明。127 个城市对户籍或居住证提出了要求。其中 28 个城市要求本地户籍，或增加取得居住证的时间限制、纳税证明等附加条件。

其他因素（s6）：除上述四项以外，对网约车业务准入有较大影响，但只在少数城市细则中出现的因素包括：限定全市出租车总量，限定平台公司总数，要求网约车只能加入一个平台，要求车内额外加装监控设备、GPS 设备、发票打印设备等，对司机学历及仪表有特殊要求，顺风车数量限定在每日两单以内等。每出现一项计 5 分，最多不超过 15 分。

根据网约车实施细则的条款，分别将样本城市就 s1、s2、s3、s4、s5 五个分类，按从宽松到严格的顺序进行排序（类别相同排序值相同），并以排序值作为城市在该分类上的得分，然后将 s6 的加分项计入总分。公式如下：

$$s = s1 + \max(s2, s3) + s4 + s5 + s6 \tag{6-1}$$

由此得到每个城市网约车政策严格程度评价的总分。表 6-2 左右两侧分别按顺序列出了排序前 31 和末 32 的城市。

155 个城市的平均得分为 244.3 分，中位数为 229，标准差为 95.66。其中 400 分及以上城市 10 个，300 分（含）至 400 分的 33 个，200 分（含）至 300 分的 55 个，100 分（含）至 200 分的 50 个，100 分以下的 7 个，基本符合正态分布。

表6-2 网约车政策较严格和较宽松城市排序

网约车政策较严格城市排序			网约车政策较宽松城市排序		
城市	得分	排名	城市	得分	排名
通化	617	1	大庆	31	1
银川	548	2	南平	71	2
大同	496	3	遂宁	71	3
兰州	468	4	龙岩	76	4
东营	442	5	三明	76	5
宁波	435	6	宿迁	82	6
临沂	425	7	随州	99	7
中山	416	8	三亚	102	8
濮阳	408	9	汉中	104	9
哈尔滨	406	10	黄冈	104	10
潍坊	399	11	黄石	109	11
淄博	393	12	成都	119	12
杭州	387	13	广元	119	13
临汾	367	14	乐山	119	14
威海	367	15	海口	130	15
长治	346	16	开封	132	16
吕梁	341	17	潮州	146	17
青岛	341	18	泉州	147	18
温州	339	19	池州	148	19
重庆	338	20	贵阳	148	20
厦门	334	21	新乡	152	21
商丘	334	22	新余	157	22
宜昌	333	23	合肥	161	23
沈阳	333	24	安顺	162	24
四平	329	25	遵义	163	25
萍乡	322	26	抚州	164	26
福州	321	27	江门	170	27
聊城	319	28	蚌埠	171	28
锦州	310	29	六安	171	29
盘锦	310	30	钦州	171	30
营口	310	31	铜陵	171	31
			芜湖	171	32

与七部委《暂行办法》相比，地方政府的政策普遍偏严格。假设存在一个城市将《暂行办法》直接作为实施细则，不额外增加准入限制，则该城市的得分为4分。实际评价结果中，得分最低的是大庆（31分），其在《暂行办法》之外提出了"车龄在5年以内"的准入条件。得分最高的通化（617分），在车辆价值（15万以上）、轴距（2710mm以上）、车龄（1年以内）、户籍（本市市区户籍）和顺风车次数（早晚高峰各1次）等方面全部高于《暂行办法》标准，且严格程度处于全国城市前列。所有已出台实施细则的城市，至少存在一项细化政策严于《暂行办法》要求。

网约车新政为地方政府因地制宜出台具体的管理细则留下了空间。《指导意见》提出，"要根据大中小城市特点、社会公众多样化出行需求和出租汽车发展定位，综合考虑人口数量、经济发展水平、城市交通拥堵状况、出租汽车里程利用率等因素"。地方政府在制定网约车新政时是否与《指导意见》相一致，考虑了哪些因素，可以通过实证来检验。

本书在逻辑推演的基础上，结合各地政策文件对网约车政策必要性的解释和网络公开报道，对城市网约车政策制定中考虑的因素进行分析（见图6-1）。从需求角度来看，影响城市网约车政策的因素可能包括需求密度和购买能力，分别以城市人口密度（百人/平方公里，代码pd）、人均GDP（万元，代码gp）作为核心指标。从供给角度来看，城市交通系统的构成，尤其是公共交通和传统出租车行业的发展情况对网约车影响大，分别选取每万人拥有的公共汽车数量（辆，代码bs）和每万人拥有的出租车数量（辆，代码tx）作为指标。在城市交通基础设施的承载能力方面，考虑了人均城市道路面积（平方米，代码rd）。此外，还应考虑到网约车带来的外部性，主要包括环境污染和交通拥堵两个方面，分别选取PM2.5年均值（代码pm）和交通延时指数（代码tj）作为指标。此外，本书还使用"互联网＋"指数衡量互联网经济发展环境（代码it）对网约车政策的影响。

其中PM2.5年平均浓度来源于绿色和平组织根据环保部数据计算得出的《2015年度中国366座城市PM2.5浓度排名》，拥堵延时指数来源于高德地图发布的《2016 Q3中国主要城市交通分析报告》，"互联网＋"指数来源于腾讯研究院等发布的《中国"互联网＋"指数（2016）》。其他数据均来自《中国城市统计年鉴2016》，统计范围为市辖区。数据截面时间上，拥堵延时指数为2016年第三季度数据，余下数据均为 2015 年年度数据。

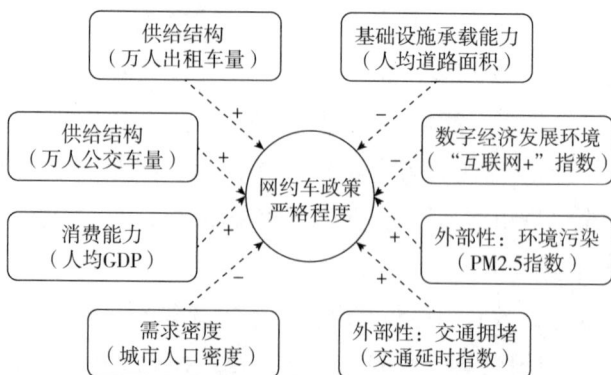

图 6-1 地方政府制定网约车实施细则考虑因素的经验判断

为了识别不同解释变量与地方政府网约车政策制定严格程度之间的关系，本书建立了如下多元线性回归模型，并使用 R 语言对模型进行估计和检验：

$$sc = \alpha_0 + \alpha_1 \times pd + \alpha_2 \times gp + \alpha_3 \times rd + \alpha_4 \times bs + \alpha_5 \times tx + \alpha_6 \times it + \alpha_7 \times pm +$$

$$\alpha_8 \times tj + \varepsilon \tag{6-2}$$

因为交通延时指数的样本量较少，首先对 70 个样本进行回归得到模型 M0，并通过逐步回归法得到模型 M0s。使用 155 个样本城市数据，剔除交通延时指数，建立回归模型 N0，并通过逐步回归法得到模型 N0s。考虑到原始数据中存在较多离群点、高杠杆值和强影响点，使用 R 语言 car 包中的 influencePlot 指令进行异常点检验，剔除异常点后再回归，并循环该过程（剔除过程见表 6-3）。

将第 i 次剔除后重新回归得到的模型计作 Ni，对模型 Ni 进行逐步回归得到的新模型计作 Nis。经过 12 轮循环，共剔除 29 个例外样本。需要说明的是，剔除例外点，并不代表被剔除的样本没有研究价值，只是本书模型设定建立在一般共性研究的基础上。从个例研究的角度出发，这些剔除样本同样具有很高的研究价值。

在逐步剔除异常点建模的过程中我们发现：模型 N2、N6、N12 与剔除前模型相比，估计结果有较大的变化；与后续剔除模型相比，具有较好的稳健性；模型受异常点影响的程度也大幅下降（见图6-2）。本书分别对上述三个模型进行逐步回归，并根据结果重新设定模型 N2s、N6s 和 N12s。

表6-3　异常点检验与剔除过程

轮次	城市	StudRes	Hat 统计量	CookD 统计量	轮次	城市	StudRes	Hat 统计量	CookD 统计量
1	通化	3.9893*	0.0291	0.0541*	7	重庆	0.2023	0.2429*	0.0017
1	北京	-1.2937	0.5845*	0.2929*	8	宁波	2.7024*	0.0948	0.0912*
2	大庆	-3.4245*	0.1367*	0.2162*	8	杭州	0.4203	0.2829*	0.0088
2	深圳	-0.1721	0.6080*	0.0058	9	威海	2.4677*	0.0663	0.0520*
3	开封	-1.3571	0.5318*	0.2600*	9	西宁	-0.1219	0.2373*	0.0006
3	银川	3.3179*	0.0658	0.0906*	10	汕头	1.6126	0.1303*	0.0481*
4	上海	-1.0321	0.3958*	0.0872*	10	丽江	0.4747	0.2340*	0.0087
4	东莞	0.7705	0.4710*	0.0662*	10	临沂	2.4432*	0.0277	0.0205
4	大同	3.4713*	0.0393	0.0571*	11	厦门	1.6315	0.1327*	0.0502*
5	广州	-0.8556	0.6697*	0.1859*	11	濮阳	2.3200*	0.0612	0.0423*
5	兰州	2.9469*	0.0293	0.0310*	11	郴州	0.0550	0.2373*	0.0001
6	成都	-2.6699*	0.1597*	0.1621*	12	南京	-1.6825	0.1276*	0.0510*
6	珠海	0.9911	0.3282*	0.0600*	12	上饶	0.8131	0.2550*	0.0284
7	东营	1.5896	0.2228*	0.0895*	12	随州	-2.1583*	0.0343	0.0201
7	中山	2.5998*	0.0793	0.0698*					

注：“*”表示根据数值判断，该点为异常点。

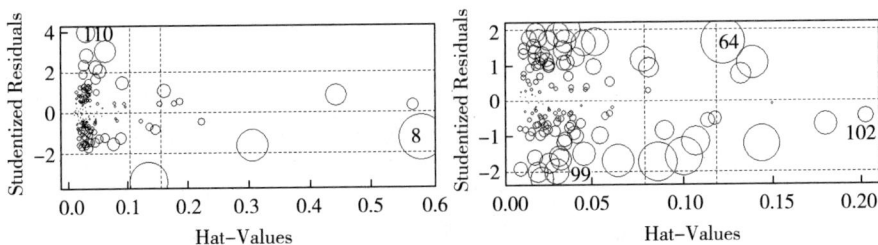

图6-2　N0 模型（左）和 N12s 模型（右）异常点检测图

整体上看，模型 N12s、N6s 和 N2s 的质量较好，可以用来解释地方政府网约车政策倾向与本地实际环境和发展情况之间的关系。从回归结果（见表6-4）来看：

表6-4　部分模型实证结果汇总

模型		M0	M0s	N0	N0s	N2s	N6s	N12s
样本量		77	77	155	155	151	142	126
Adjusted R²		0.020	0.044	0.073	0.079	0.123	0.182	0.222
总体P值		0.328	0.045	0.011	0.001	0.000	0.000	0.000
截距项		63.418	224.46***	145.61***	157.73***	126.04***	118.49***	116.72***
		(0.754)	(0.000)	(0.000)	(0.000)	(0.000)	(0.000)	(0.000)
解释变量	Pd	-2.498		-1.547		-1.701·		-2.476*
		(0.187)		(0.153)		(0.087)		(0.015)
	Gp	0.7685		3.075		4.793*	4.038·	
		(0.881)		(0.248)		(0.033)	(0.067)	
	Rd	-2.294		-0.503				
		(0.221)		(0.640)				
	Bs	2.636		-0.172				
		(0.474)		(0.875)				
	Tx	1.586	1.981*	1.535**	1.576**	1.508*		1.151*
		(0.247)	(0.045)	(0.027)	(0.007)	(0.013)		(0.050)
	It	-8.210		3.6242			48.763*	61.50**
		(0.400)		(0.628)			(0.017)	(0.007)
	Pm	1.065		1.291**	1.018*	1.341**	1.419***	1.820***
		(0.119)		(0.004)	(0.014)	(0.001)	(0.000)	(0.000)
	Tj	98.072						
		(0.461)						
AIC值		846.26	838.12	1851.70	1845.87	1775.08	1635.54	1420.03
GlobalStat		1.98*	1.48*	20.87	20.50	2.99*	4.97*	3.84*

注：①括号内为P值。***、**、*和·分别表示在0.1%、1%、5%和10%的水平上显著。②使用gvlma（）函数计算GlobalStat值，检验是否满足OLS假设。③使用vif（）函数计算方差膨胀因子，结果均在2.5以下，未在本表中体现。

（1）人口密度越高的城市，网约车政策越宽松。一方面，在人均出行需求相对稳定的情况下，人口密度越高的城市，对交通供给流量的速度和频率要求就越高。另一方面，个性化的特定时空出行需求在高密度城市更具一般性。对于高密度城市来说，发展网约车是控制私人小汽车使用量、对公共交通进行必要补充的最佳选择。

（2）人均 GDP 越高的城市，网约车政策越严格。人均 GDP 高的城市，消费者消费意愿高、支付能力强。网约车的出现对居民出行方式有多重影响：替代了大量的私家车出行；挤占了部分传统出租车市场；在一定程度上将公共交通转移到网约车领域并刺激了部分潜在需求。对于城市交通管理部门而言，替代效应是乐见其成的，而转移和刺激的需求则对城市交通系统形成了新的压力。在这样的背景下，对人均 GDP 较高的城市，执行相对较严的准入限制，也具有合理性。

（3）人均道路面积与网约车政策没有显著的关系。从理论上分析，人均道路面积是城市交通基础设施能力最简单直接的衡量标准，人均道路面积越少，交通承载能力越差，因此更倾向于限制运量较小的小客车。陈小鸿也认为，网约车对城市有限的道路资源形成了压力。造成理论分析与实证结果之间存在偏差的原因可能是：中国地市一级城市道路的主管部门为市政管理部门，只有少数特大型城市成立了交通委员会，承担了部门城市道路的管理工作。2017 年 3 月 1 日修订的《城市道路管理条例》规定，市政工程行政主管部门主管城市道路工作。然而本次地方网约车政策制定的牵头单位和主导单位都是交通部门，因此可能存在部门之间沟通不畅的问题，人均城市道路面积没有成为决策考虑的因素。

（4）每万人拥有的公交车（标准台）数量与网约车政策没有显著的关系。每万人拥有的公交车数量是衡量城市公共交通出行服务能力的重要指标。国务院办公厅印发的《关于深化改革推进出租汽车行业健康发展的指导意见》将出租车定位为城市公共交通的补充。提高公共交通的数量和密度，能够覆盖城市居民大量的出行需求，因此可以降低对网约车的依赖。人均公交车数量较多的城市具有约束网约车发展的条件，而人均公交车数量不足的城市应该大力发展网约车，发挥网约车经营灵活的特点，满足多样化的出行需求，为出行领域提供相对稳定的供需均衡条件。在城市网约车政策制定的过程中，以及后续政策的调整中，应考虑公交车与网约车的竞争互补关系。

（5）每万人拥有的出租车数量越多，网约车政策越严格。网约车和出租车作为一个行业的两种经营形式，提供了基本相同的服务，竞争关系最为直接。事实上，网约车能够取得爆发式增长，正是因为出租车行业长期管制造成供需扭曲，大量出行需求得不到满足。从模型 N2s 和 N12s 的结果来看，万人出租车拥有量每增加一辆，则政府网约车政策严格程度评分增加 1.30 分和 1.15 分，对结果的影响比较明显。

（6）"互联网＋"指数越高，网约车政策越严格。"互联网＋"指数水平代表了城市互联网经济发展的整体环境。该数据汇总了腾讯、京东、滴滴、携程、美团、大众点评等公司的全样本大数据。"互联网＋"指数越高，表示该地区网络基础设施完备、"互联网＋"产业发展良好、"互联网＋"创新创业能力较强、"互联网＋"智慧城市发展水平较高。从理论上看，这些城市中的消费者对"互联网＋"商业模式更加认可，政府也支持和开发"互联网＋"发展。但是从模型 N2s 和 N12s 的结果来看，"互联网＋"发展越好的城市，反而更倾向于制定严格的政策，产生这种结果的原因尚不清楚。

（7）PM2.5 指数与网约车政策的严格程度显著正相关。空气污染是交通运输最为严重的外部性问题。2013 年以来因华北、华东等地区大范围持续重度雾霾的影响，人们对 PM2.5 也更加关注。从整体上看，网约车对城市大气污染存在影响，中国网约车迅猛发展的时间段恰巧与雾霾最为严重的时段重合，这可能对决策过程产生了影响。从模型结果来看，地方政府在制定实施细则时也着重考虑了空气污染问题。从长远来看，交通科技平台公司作为共享经济的典范，在环境保护方面可以有更多的作为。

（8）交通拥堵与网约车政策的关系不显著。虽然网约车社会服务功能更强，但其对城市交通的压力也不容小觑。多数学者认为，网约车增加了城市拥堵，宋绪扬、陈力诚和肖烨（2017）通过微观数据的仿真分析支撑了这一观点。北京交通大学课题组发布的《基于滴滴大数据的北京道路交通运行状况分析报告》认为，网约车不是造成北京道路拥堵的直接原因。从模型结果看，地方网约车政策并没有着重考虑拥堵问题。

从网约车新政中地方政府的表现来看，绝大多数地方政府在国家政策出台之前存在偏袒传统出租车行业的现象，对网约车采取了严格的管理措施。政策出台之后，不少地方政府在实施细则方面也较为严苛。中央政府将网约车实施细则放权给地方政府，为的是使地方政策符合本地经济社会发展的需要，将《暂行办法》的一般性和地方政策的特殊性相结合。但是从分析结果来看，地方城市网约车实施细则的制定具有比较大的随意性，普遍倾向从严管理。这体现了城市主管部门将行业稳定放在首位的管理惯性，并没有从根本上考虑居民的特定出行需求。

三、地方网约车细则对网约车平台的约束

（一）过严的管理导致"平台性"的削弱

1. 信息匹配类平台面临发展瓶颈

解决城市拥堵的关键是进行"使用量"的管理，而不是"保有量"的管理。各地方行政实施细则落地之前，网约车出行服务平台将巨大保有量的一部分转化为共享使用，为解决城市交通拥堵提供了新的思路。细则落地之后，滴滴等轻资产公司发展受到限制，而首汽租车、神州专车等重资产公司获得快速发展，实际上继续增加了城市小汽车保有量，对交通长期可持续发展形成压力。轻资产平台发展受限，重资产平台取得快速发展，与交通运输行业去私人交通产能、补公共交通短板的发展方向背离，容易产生新的城市问题。

从各网约车平台获得的牌照数量看（见表6-5），重资产平台和小规模平台远高于行业领军者滴滴出行，信息撮合式的网约车平台面临发展难题。滴滴出行仅获得47张牌照，与重资产的首汽约车、神州专车相比并没有优势，与司机合伙制经营的万顺叫车，专注于区域二三线城市的斑马快跑和呼我出行相比，差距更大。"传统出租车+互联网"更符合新政后地方细则的偏好，车辆和司机都在出租车公司的管理下，资质审查简便、经营状况易于掌握。2015年9月，北京首汽集团、首旅集团等市属国资企业参与投资的"首汽约车"App正式上线，定位高端专车，被称为"官方专车"。首汽约车悬挂的是"京B"出租车专用牌照，驾驶员有运输许可证且为平台雇佣司机。新政实施后，首汽约车于2017年1月获得北京市第一张网约车驾驶员资格证，2月通过线上服务能力认证并拿下北京首张《网络预约出租车经营许可证》，订单增长幅度为40%~50%[①]。首汽约车也与四川交投、上海大众等传统出租车企业开展业务合作，形成平台联盟。

---

① 资料来源：http://www.sohu.com/a/133948876_647839。

表6-5 各网约车平台获得地方城市经营牌照数量

网约车平台	上线时间	获得经营许可证数量	网约车平台	上线时间	获得经营许可证数量
万顺叫车	2016年9月	99	首汽约车	2015年9月	43
斑马快跑	2015年4月	94	易到	2010年5月	38
呼我出行	2016年5月	52	帮邦行	2015年12月	37
神州专车	2015年1月	51	AA租车	2013年5月	34
滴滴出行	2012年9月	47	曹操专车	2015年11月	23

资料来源：媒体公开报道，截至2018年5月。

新政偏爱网约车重资产平台的原因，延续了管理部门对资产自有的信赖，认为自有车辆和司机的平台，可以直接对网约车进行管理，安全性更有保障。从本质上看，延续了一般时空的管理思路。从国外经验来看，对网约车平台的业务居间性进行约束非常有必要，部分城市甚至要求网约车平台不得自己购置车辆、直接雇用司机。为的是避免平台过多干预匹配，造成不公平竞争，避免形成平台垄断。

2. 平台盘活存量资源的作用受到约束

网约车平台可以通过组织的虚拟化方式，盘活大量差异化的闲置资源，在不增加车辆数量的情况下扩大供给。随着新政出台，大量车辆被排除在平台以外，而汽车制造企业也争相根据实施细则改配置、造新车，事实上造成市场调节资源配置功能方面出现了问题。

限定准入车型不仅对存量车辆继续经营造成了障碍，也对新车市场产生了很大的影响。2017年1月20日，南京市政府召开新闻发布会，网约车实施细则正式出台。在车型限制方面：南京要求网约车车距在2700毫米以上，处于全国较高标准，发动机功率要求100千瓦以上，大致相当于1.8T的排量；南京还要求网约车具备制动防抱死系统（ABS）和车身电子稳定控制系统（ESP）。从车辆标准来看，满足标准且油耗低、返修率低适合提供网约车服务的国产车辆，价格基本都在10万元以上。为了从网约车这个大市场中分一杯羹，不少车辆制造企业纷纷修改车辆配置或者计划设计、生产符合标准的新车型。某品牌车企连夜将车库里上百辆车拉回工厂，花费近一个月时间加装实施细则要求的车身电子稳定控制系统。这种临时突击增加配置的行为，是对市场的快速反应，但也应看到因此造成大量人力、物力、财力的浪费，增加了网约车司机购车成本。城市政府设定较高标准的初衷是提高车辆的质量保证、维护消费者的生命财产安全，同时与传统出租车形成差异化竞争服务格局。但是车辆制造企业"按需生产"带来新的隐患，在保持单车利润水平不变的情况下，为满足标准而额外增加的成本必然转嫁到消费者不易觉察的材质、工艺等方面，反而存在更大的隐患，可能与政策制定的初衷背道而驰。

3. 多层级主体削弱平台职能的发挥

平台打破了以往多主体多层级的出租车行业格局，随着实施细则的出台，新的层级组织和外在的组织卷土重来，反而发展壮大起来。

车辆租赁公司曾经作为四方协议的其中一个主体，在网约车"灰色"经营阶段发挥过作用，但从当时的实际情况来看，四方协议只是应对交通管理部门合法性审查的手段。实际上，除了平台公司自有的车辆外，绝大多数网约车司机都没有与租赁公司签订正式的合同或契约。随着网约车新政的落地，尤其是地方城市对车辆的经营性质做出偏严的要求之后，在北京、上海等实施较为严格的牌照控制政策，获得本地牌照具有非常大的难度。绝大多数网约车司机不得不通过车辆租赁公司获得合法车辆，车辆租赁公司成为新的利益链条中不可或缺的部分。这些公司依托车辆租赁业务逐渐衍生出申请网约车资质、代办车辆分期贷款，部分还承担了协助平台公司管理司机等业务。车辆租赁由"纸面文书"变为实际具有一定权力并承担责任的显性环节，柔性化组织特征也越来越弱。事权和经济利益往往共生共荣，车辆租赁公司作为新的中介代理组织，将额外增加的交易成本作为自己的食利基础。据媒体报道①，广西柳州网约车司机就因为对租赁公司的收费政策不满而聚众讨说法，将两者利益分歧暴露出来。

中国出租汽车产业联盟作为传统出租车行业的利益代言人，对青岛等城市的严苛实施细则表示赞许，并先后向交通运输部、全国人大、全国政协、商务部、发展和改革委、中央网信办及地方城市出租车行业主管部门等发函致信，要求从严监管网约车，清理无证网约车，加快出租车行业管理改革等。其行为虽然合法合规，但是站在出租车公司的立场上对网约车新政施加压力，对满足公众出行需

---

① 资料来源：http://news.gxnews.com.cn/staticpages/20180426/newgx5ae11c38–17262192.shtml。

求、促进行业健康发展的贡献有限。

除此之外，原本自由进入的网约车行业，因为新政不断提高门槛，进入资质变成稀缺资源，刺激网络黑产不断涌现。有偿虚假注册团伙可以瞒报车辆归属地、修改司机信息等。广东警方侦破的一起滴滴网约车黑产案件中，缴获被非法截取信息20余万条，包括车辆登记信息、车辆照片、车主姓名、车主身份证号、车主住址等，涉案金额高达数千万元①。

（二）供给锐减造成个性化出行得不到满足

网约车新政颁布之后，提供三证齐全的合法网约车服务成为极为困难的事情（见表6-6）。根据调查，北京滴滴司机约110万人，其中活跃司机数量20万以上。如果严格按照北京网约车新政中"京人京车"的规定，符合条件的司机只有10.7%②。上海已激活的41万余名司机中，仅有不到1万名司机具有上海本地户籍。在上海，只有20%的车辆符合轴距要求，只有2.5%的司机符合户籍要求。武汉市约有40万台网约车，滴滴平台上专快车司机的车辆排量有92.2%都在2.0L以下。南宁市约有14万注册网约车，实施该政策后，预计仅有6千辆可以达到准入标准。根据网易科技的估算，新政实施三个月以来，网约车的订单量已暴跌一半，符合规定的司机和车辆只占总数的5%~10%③。

表6-6 部分城市网约车资格证发放数量

城市	统计截止日期	网约车平台数（家）	网约车驾驶员证（本）	网约车运输证（本）
深圳	2017年6月15日	—	2936	—
南京	2017年7月28日	5	5644	1711
广州	2017年7月27日	—	4215	—
南宁	2017年8月1日	2	949	—
郑州	2017年8月9日	3	899	—

① 资料来源：http://www.society.people.com.cn/n1/2018/0127/c1008-29790605.html。
② 资料来源：http://www.sohu.com/a/125884486_418820。
③ 资料来源：http://www.tech.163.com/16/1021/00/C3S32KAG00097U7R.html。

城市	统计截止日期	网约车平台数（家）	网约车驾驶员证（本）	网约车运输证（本）
合肥	2017 年 8 月 9 日	2	2329	—
北京	2017 年 8 月 12 日	5	8500	—
福州	2017 年 8 月 14 日	4	510	379
海口	2018 年 4 月 13 日	—	4761	4271
上海	2018 年 4 月 19 日	13	9535	2857
南宁	2018 年 5 月 7 日	9	6970	1460
兰州	2018 年 5 月 21 日	6	1796	17
合肥	2018 年 5 月 22 日	12	5810	—
长沙	2018 年 5 月 23 日	9	8090	—

资料来源：根据媒体公开报道整理。

"滴滴出行"公布的 3 月北京地区不同时段快车打车的成功率数据显示，打车成功率最高的时段为 10：00~17：00，平均成功率为 83.2%；最低为 21：00~23：00，平均成功率仅为 54.1%，接近一半的用户叫车需求无法被有效满足，供需明显失衡。2016 年前五个月，北京地区乘客使用滴滴出行，人均等车时间仅为 5.6 分钟。到 2017 年春节前后，平均等车时间增加到 10 分钟左右。地方细则对网约车平台的影响，也造成黑车的回流。2017 年上半年，交通执法部门在四惠交通枢纽、国贸、十里河等人流较大地段查处了大量的黑车。黑车司机要价远高于正常打车价格，而且容易脱离监管，乘客的人身财产安全极易受到侵害，对市场公平竞争再次形成冲击。

2017 年初，在新政施行后的第一个春节，网约车因"建议调度费"站到舆论的风口浪尖。2017 年 1 月中旬，北上广深等特大型城市中大量流动人口开启返乡过节之路，加上对网约车新政前景的担忧，大量司机提前退出市场。同期，因为春节的法定休息时间还没到，大量企事业单位人员的出行需求依然存在。春运开始以来，北京在线的司机数量下降约 25%，需求不减反增 30%[①]，网约车市场出现结构性失衡，这种失衡很快传递到价格方面。滴滴出行在出租车叫车领域设

---

① 资料来源：http：//www. auto. people. com. cn/n1/2017/0125/c1005 - 29047904. html。

置了调度费用，在专车和快车领域设置了动态调价规则。网约车价格一路攀升，成为民众一致讨伐的对象。

从供需状态的改变看，供给是直接的、大幅的下降，而需求的退潮速度要慢得多，在这样的背景下，价格上升几乎是不可避免的。部分网约车平台没有将价格形成的权力交给司机和乘客自主决定，而是主动参与定价，造成民怨不断。政府随即开展调查，网约车平台不堪压力也将浮动价格的功能进行了限制。这次加价事件规范了网约车平台定价行为，但是也意味着平台通过价格手段调节市场供给的能力大为削减。

四、网约车进一步规范管理的政策建议

针对地方细则影响网约车平台以及行业发展的问题，本书对网约车的进一步管理提出如下政策建议：

第一，在统一平台框架下实行经营性小汽车出行服务的统一管理。巡游出租车、网约出租车、快车、专车、顺风车等，都是城市准公共交通的重要组成部分，为消费者提供差异化的机动化小汽车出行服务。从网约车平台经营的角度看，不同方式可以共用一套信息系统，匹配机制也有很大的相通之处，消费者的利益诉求也具有相似性，因此具有共同管理的基础。将不同业态平行管理的思路，造成了行业发展混乱、矛盾固化等问题。从行政许可法的角度来看，平行管理也造成地方实施细则上位法不明确、临时性行政许可创设不合法等问题。随着出租车行业改革的深入，尤其是出租车经营权有偿使用逐步退出历史舞台，两者融合发展的条件已经成熟。以出租车全行业管理政策代替单行的网约车管理政策具有必要性、具备可行性。顺风车、拼车等也应尽快评估其纳入统一管理的可行性。

第二，建立与"互联网＋"平台模式相呼应的部—市两级管理层次。"互联网＋"时代的商业发展模式已经发生根本性变化，从物信关系来看，形成了一个以大数据技术为支撑的信息化中间层平台组织，以分散化需求和分布式供给为特征的物理终端系统。在现代化经济体系下，行业管理也应该与数字经济、共享经济和智能经济特征相适应，打破垂直层级组织模式，通过高水平的理论与政策研究形成基本管理框架，赋权地方在框架范畴内因地制宜制定个性化政策方案。从网约车管理来看，部 – 省 – 市 – 县四级管理体系层层加码导致政策偏严、易乱。省级政府确定的行业发展指导意见，与《暂行办法》并没有特别大的差别，对网约车行业发展的指导作用并不大。本书建议在网约车行业管理中，探索中央部委—地级城市行业主管部门两级管理制度，提高政策的科学性、合理性和可用性（见图 6 – 3）。

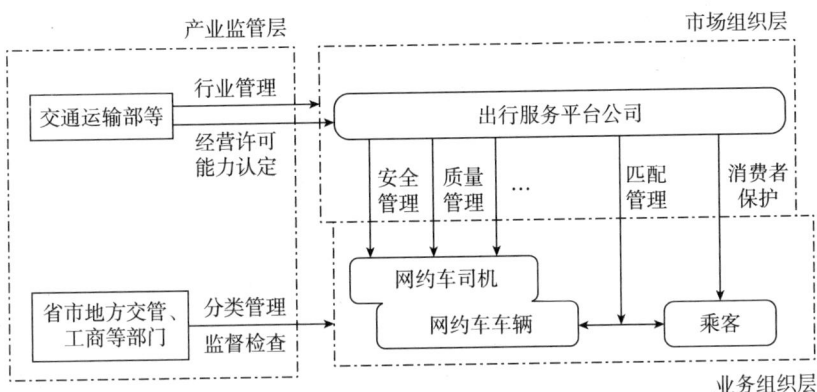

图 6 – 3　网约车两级三主体管理模式

中央一级行业主管部门应将管理的重点放在整体的行业发展上，主要是制定行业发展的基本目标、发展原则和管理框架。一是将部门规章建立在法律基础上，保持政策相对稳定性和可执行性。二是要将反垄断和反不正当竞争作为管理平台型企业的重要目标。地级城市政府应将管理的重点放在服务和监管两个方面：一是为拟进入网约车经营的公司和个人提供注册服务，配合网约车平台完成例行的线下车辆审查，组织网约车司机进行培训和考试等；二是要通过现场检查保证网约车运营质量、维护道路交通安全、规范市场价格竞争、保护消费者生命财产安全。

第三，根据地方经济社会发展情况实行大类管理制度。网约车"一城一策"的模式，延续了传统出租车管理思路，不利于从全局出发掌握行业发展情况，增加了平台企业的经营成本和管理压力。部分城市存在政策制定不科学、与社会需求相脱节的问题。本书建议对地方城市的网约车政策实施分类管理制度，由交通运输部门牵头、相关部门参与，结合地方经济社会发展情况，尤其是交通出行服务体系的承载能力、供给结构、需求特征、外部性影响等，划定若干个管理类别。所有类别的城市遵循一致的管理原则，但是在具体的管理细节上形成差别，例如，设定准入标准的上限条件，地方城市政府在限定的类别内，结合本区实际制定网约车实施细则。

第四，尽快启动网约车政策评估和再调整工作。绝大多数城市都面临网约车供给尚不能满足群众需求、严格依照实施细则管理将进一步削减网约车市场的双重困境。泉州、兰州、杭州等城市已经对前期公布的实施细则进行调整，修改或者删除了较为苛刻的准入条件。部分城市跨过试行文件直接推出实施细则，在政策调整上面临被动。在这样的背景下，国家层面有必要对地方网约车政策进行全面评估，并根据评估结果指导地方政府进行网约车政策的适应性调整。

第五，地方政府应与网约车平台携手推进城市交通治理。网约车平台累积了大量的车辆行驶数据和出行行为数据，这些数据对于加强城市交通管理具有积极的作用。例如，滴滴联合济南交警推出了国内首个以机动车轨迹作为数据基础的"智慧信号灯"，打破了原有的交通信息采集模式，通过移动互联网数据来完成优化调整。数据显示，济南市经十路山大路到舜耕路路段，工作日早高峰平均延误时间下降10.73%，晚高峰平均延误时间下降10.94%。在停车次数方面，经十路的数据也有明显下降，工作日晚高峰停车次数下降8.7%，早高峰下降6.7%[1]。又如，滴滴与丽江交通局签订战略合作协议，除了把全市出租车接入滴滴平台外，双方还将共同搭建大数据信息共享平台，依托滴滴平台的大数据和交通云优势，实现网约车新型业态和传统巡游出租车的差异化经营、数据融合分析、决策支撑，推进交通行业数据资源在线聚集、开放和应用，为丽江政府提供实时的大数据服务，方便政府的规划制定和行业监管，有利于丽江市更高效、更有针对性地做好基于交通运营的其他各个方面的城市治理工作。

第六，重点推进网约车平台安全管理制度建设。网约车平台作为经济组织主体必然是逐利的，为了获取流量红利，容易侵害消费者合法权益，尤其是信息安全与隐私保护方面。这与交通出行行业将安全作为第一性原则，可能存在冲突。

---

[1] 资料来源：http://www.dzwww.com/shandong/sdnews/201704/t20170421_15814567.htm。

在资本求偿压力下，经营层面的安全隐患极易放大为社会问题。因此网约车平台应从内部重视安全第一性原则，行业主管部门从外部督导，推进网约车平台安全管理制度的不断健全完善。

本章小结

网约车作为新型的出行业态，对政府管理部门的监管带来了极大的挑战。从国外的情况看，网约车在诞生之后就一直受到包括政府、议会、法院、工会组织、行业协会等不同机构的声讨谴责和严厉管制。Uber 在法律框架内与各种组织和机构斗争，在妥协和游说中发展壮大。以美国为代表的多数国家都有条件地放松对网约车平台的监管，加州等地区还制定了有利于网约车平台发展的规范性政策或法令。中国方面，国家保持审慎开明的态度，为网约车发展留出了足够长的观望期，在征求各方意见的基础上，制定了较为宽松的网约车新政。然而地方政府在制定具体的网约车行业管理政策时，普遍提出了较高的要求。地方实施细则导致网约车平台性削弱，信息匹配类平台发展受限，平台盘活存量资源的功能受到约束，多层级主体对平台形成替代；供给锐减造成个性化出行得不到满足。基于网约车平台的匹配功能，本书提出在统一平台框架下实行经营性小汽车出行服务的统一管理，建立与"互联网＋"平台模式相呼应的部—市两级管理层次，根据地方经济社会发展情况实行分类管理，尽快启动网约车政策评估和再调整工作，政府与平台携手打造完善的出行服务体系，重点推进网约车安全管理制度建设。

第七章
结语

一、主要结论

引入特定时空视角的经济分析改善了传统经济学忽略时间和空间因素、忽视个体行动分析造成的一般化倾向，重视具体经济决策和行动所处的特定时间—空间环境，提高了对新经济现象的解释能力。互联网经济时代，个体掌握的信息越来越全面，决策自主性加强。需求本身有较强的分散性，需求者具有个体的、主观的、有差异的偏好，在不同的时空场景下，偏好的异质性被放大。供给层面，在互联网信息技术的支撑下，随着个体异质需求普遍化，大规模集成供给向着面向终端需求、底层赋权、小型分散的分布式供给发展。

依靠传统的供需—价格均衡框架研究分散化需求和分布式供给的匹配，会抹杀经济要素、经济主体和经济行动的特定时空特征。新经济发展中的平台化匹配应该得到重视。平台具有跨边网络外部性、零边际成本、普遍服务和系统自生性，平台主导的匹配是有形具体的居间匹配，是面向需求端的双边匹配，匹配遵循非强制性的有序规则。与传统价格机制相比，平台化匹配重点关注的是类型上的特征匹配，通过汰劣机制调节供需关系，调和了经济要素和经济秩序间的两难冲突。

城市出行体系中个体需求具有特定性，而公共交通供给具有一般性，两者之间的冲突难以调和，个人服从集体的规则下，完整出行链条中衔接时空所占的比例过大。现有政策大力发展公共交通、抑制私人交通的倾向，忽视了准公共交通的地位和作用。传统出租车在管制背景下，出现了严重的供给不足，同时出现打车难和黑车泛滥的问题。网约车平台组织了新出行服务市场，在不增加资源供给和打车成本的同时，以私人供给的方式快速弥补了市场空白，成为准公共交通的重要组成部分。

网约车平台在网约车行业快速发展中发挥了重要的作用。通过物信关系重组构建，实现面向个体消费者的需求响应，极大地满足了消费者对即时即地出行、路径最优规划、直达目的地等出行需求。通过时空冗余度测算，发现网约车在没有显著增加成本的同时，大幅改善了出行者的出行顺畅程度，减少了等待、换乘等不必要的时间－空间浪费。供给层面，网约车平台为司机提供了虚拟化的工作平台，通过职业身份和工作时间的自由化降低了司机进入门槛，增加了司机的收入。网约车平台的组织方式打破了传统出租车行业层层嵌套的权力安排模式，建立起松散又不失基础秩序的灵活组织方式。

网约车平台的匹配机制介于权力安排的计划模式和完全自由散漫的无秩序模式之间，平台通过大数据基础上的算法设计和司乘双向互评制度，进行特征匹配基础上的综合派单，既满足了个体的特定需求，又调动了司机的积极性，实现了供需双方在匹配中的利益诉求，提高了小规模市场匹配机制的效率。网约车平台以汰劣为主的机制，可以尽可能地调动多样性的供给主体，保持市场的竞争活力，保证出行需求的快速响应。

网约车平台塑造了新的出行服务市场。资本参与下的网约车平台能够通过补贴方式培育供需双方的经济习惯，快速达成平台经济发展所需的基础市场容量，改变了互联网平台企业的生命周期。从匹配扩展的角度看，网约车平台基于自身具有的多样化要素基础，进行快速试错，实现业务的持续渐进式创新发展。从匹配垄断的角度看，网约车平台具有双边市场特征，易于形成赢家通吃的垄断地位，但是实施强制的垄断行为将对平台赖以生存的多样性要素形成威胁，所以网约车平台本身并没有实施垄断的动力，反倒是资本在逐利的刺激下，对平台实施垄断行为进行诱导和加压。

国家层面包容审慎的网约车政策为网约车平台的发展创造了良好的环境，地方层面的网约车实施细则普遍偏严格，并没有因地制宜考虑出行需求，影响了轻资产信息匹配类的网约车平台发展，导致供给萎缩、层级组织回潮、网约车黑产兴起等。适时进行网约车政策的调整具有紧要性，本书建议：应根据网约车平台的匹配功能特征，建立网络预约出行服务全口径的统一管理；建立平台物信关系一致的中央—地方城市、网约车平台两级三主体协同管理模式；兼顾一般性与特殊性，变"一城一策"为地方分大类管理模式；在网约车平台继续发挥社会治理功能的同时，加强行业主管部门与网约车平台的合作。

二、创新点

第一，重视特殊时空视角中的个体性、异质性问题。特殊时空关注现实经济世界是什么。与一般时空关注抽象概括的经济学一般性规律不同，特殊时空从经济系统的最小元素个体行为分析出发，重视个性特征，重视具体场景。

第二，构建了以平台匹配机制为核心的特定时空供需分析框架。与传统价格机制下的供需均衡分析框架不同，本框架强调特定时空分析中的主观个体需求、分布式供给和多样性产品市场，平台匹配作为一种市场运行机制，可以较好地平衡秩序与要素间的两难冲突。

第三，网约车平台的经济性来源于将信息技术创新与商业模式创新相结合，可以精准实现特定需求的响应，通过汰劣机制调动虚拟组织扩大供给，构建了差异特征匹配的服务市场。平台通过与资本合作快速形成匹配的基础，基于多样性要素创新拓展匹配市场。

第四，针对网约车平台和一般互联网平台的匹配功能，提出实现网络预约机动化出行服务的全口径统一管理，建议新经济的管理应建立中央—城市、平台两级三主体合作监管框架。

三、进一步研究的空间

从研究对象上看，网约车平台是"互联网＋交通"领域的创新模式，本身还处于深化发展阶段，包括平台的功能调整、外在政策变化、市场竞争格局的影响等都还不稳定，因此一定会有更多值得研究的问题不断涌现。从现实情况来看，网约车垄断问题、平台型商业模式监管、共享经济背景下出行领域的权责关系等，都是很好的研究内容。本书确定的特定时空视角下网约车平台特定供需匹配机制的基本框架，可以作为继续研究的基础。

从研究视角上看，特定时空视角具有广泛的拓展空间。行为经济学、博弈论以及机制设计理论等重视个体分析的经济学分支，可以结合本书的研究思路，继续考察具体时空中的资源、主体、选择和行为的差异化表现，丰富原有的解释框架。

从研究方法上来看，本书偏向思辨的、解释性的分析思路，在实证领域尚缺乏体系化数学化逻辑验证，尤其对平台在特征匹配中的作用探讨，可以借助大数据分析技术继续深入，对于匹配技术方面的深入研究，则需要结合人工智能等前沿领域深入挖掘。经济学中的匹配研究，主要集中在就业领域、小规模选择市场中的匹配算法等，本书对于网约车这类体量巨大、算法维度多的行业型匹配市场的算法设计或有启发意义。

从理论纵深上来看，本书所倡导的特定时空视角，在消费升级的时代背景下，能够更好地认识现实世界中的个体供需，但是还没有下沉到经济学要素层面。对于平台的经济性来源还需要继续挖掘，有必要从平台系统的角度出发，通过严密的逻辑分析将"平台经济"作为与"规模经济""范围经济"等并行的基本经济规律加以推广。

从对策建议的研究上来看，本书对网约车政策的评述重点关注了准入问题，研究的维度还不够全面。在地方政策评价的过程中，使用简单排序的方法进行定量化评价，不能反映问题的全貌。后续可以丰富定量分析的维度，通过网约车平台数据和消费者感知数据两相印证，提高研究的准确性。

　　从应用的可推广性来看，互联网商业平台具有相通性。网约车领域得出的结论，可以尝试推广到包括知识服务平台、社交平台、电商平台等领域，并逐步形成适用于所有平台的一般性理论分析框架。供需匹配是该分析框架的内核，但是外延还有很多点有待继续深入挖掘。

参考文献

［1］ Ambras A. , Rossella A. Network Market and Consumers Coordination ［R］. CESifo Working Paper, 2004.

［2］ Armstrong M. Access Pricing, Bypass and Universal Service ［J］. American Economics Review, 2001, 91 （2）: 297 – 301.

［3］ Armstrong M. , Wright J. Two – sided Markets, Competitive Bottlenecks and Exclusive Contracts ［J］. Economic Theory, 2007, 32 （2）: 353 – 380.

［4］ Armstrong M. Competition in Two – sided Markets ［J］. The RAND Journal of Economics, 2006, 37 （3）: 668 – 691.

［5］ Armstrong M. Network Interconnection with Asymmetric Network and Heterogeneous Calling Patterns ［J］. Information Economics and Policy, 2004, 16 （3）: 375 – 390.

［6］ Belleflamme P. , Toulemonde E. Who Benefits from Increased Competition Among Sellers on B2C Platforms? ［J］. Research in Economics, 2016, 70 （4）: 741 – 751.

［7］ Boehm S. , Kirzner I. M. , Koppl R. , et al. Professor Ludwig M. Lachmann （1906 – 1990）: Scholar, Teacher, and Austrian School Critic of Late Classical Formalism in Economics ［J］. American Journal of Economics and Sociology, 2000, 59 （3）: 367 – 417.

［8］ Bourreau M. , Kourandi F. , Valletti T. Net Neutrality with Competing Internet Platforms ［J］. Journal of Industrial Economics, 2015, 63 （1）: 30 – 73.

［9］ Bryson J. M. , Crosby B. C. Leadership for the Common Good: Tackling

Public Problems in a Shared – Power World [J]. Jossey Bass Publishers, 1992 (2): 278 – 279.

[10] Buchanan J. M. Introduction: L. S. E. Cost Theory in Retrospect [A]// Buchanan J. M. and Thirlby G. F. L. S. E. Essays on Cost [M]. New York: New York University Press, 1981: 3 – 13.

[11] Cailaud B. , Jullien B. M. Chicken and Egg: Competition among Intermediation Service Providers [J]. The RAND Journal of Economics, 2003, 34 (2): 309 – 328.

[12] Callahan C. V. , Pasternack B. A. Corporate Strategy in the Digital Age [J] . Strategy and Business, 1999, 15 (2): 10 – 14.

[13] Callahan G. Economics for Real People: An Introduction to the Austrian School [M]. Alabama: Ludwig von Mises Institute, 2002.

[14] Chandler J. D. , Wieland H. Embedded Relationships: Implications for Networks, Innovation, and Ecosystems [J]. Journal of Business Market Management, 2010, 4 (4): 199 – 215.

[15] Cheng X. , Fu S. , de Vreede G. A Mixed Method Investigation of Sharing Economy Driven Car – hailing Services: Online and Offline Perspectives [J]. International Journal of Information Management, 2018, 41: 57 – 64.

[16] Cherry M. A. Are Uber and Transportation Network Companies the Future of Transportation (Law) and Employment (Law)? [J]. Texas A&M Law Review, 2017 (4): 173 – 195.

[17] Cramer J. , Krueger A. Disruptive Change in the Taxi Business: The Case of Uber [J]. The American Economic Review, 2016, 106 (5): 177 – 182.

[18] Cusumano M. A. , Gawer A. The Elements of Platform Leadership [J]. IEEE Engineering Management Review, 2003, 31 (1): 8.

[19] de Souza Silva L. A. , de Andrade M. O. , Alves Maia M. L. How Does the Ride – Hailing Systems Demand Affect Individual Transport Regulation? [J]. Research in Transportation Economics, 2018, 69: 600 – 606.

[20] Dills A. K. , Mulholland S. E. Ride – Sharing, Fatal Crashes, and Crime [J]. Southern Economic Journal, 2018, 84 (4): 965 – 991.

［21］ Economides N. , Katsamakas E. Two – Sided Competition of Proprietary vs. Open Source Technology Platforms and the Implications for the Software Industry ［J］. Management Science, 2006, 52 (7): 1057 – 1071.

［22］ Eisenmann T. R. , Parker G. , Alstyne M. V. Opening Platforms: When, How and Why? ［R］. Harvard Business School Entrepreneurial Management Working Paper, No. 09 – 030, 2009.

［23］ Evans D. S. The Antitrust Economics of Multi – Sided Platform Markets ［J］. Yale Journal on Regulation, 2003, 20 (2): 325 – 381.

［24］ Flores O. , Rayle L. How Cities Use Regulation for Innovation: The Case of Uber, Lyft and Sidecar in San Francisco ［J］. Transportation Research Procedia, 2017, 25: 3756 – 3768.

［25］ Gabrielle D. , David G. The Strategy Structure of Two – Sided Matching Markets ［J］. Econometrica, 1985, 53 (4): 873 – 888.

［26］ Gawer A. , Cusumano M. A. . Platform leadership: How Intel, Microsoft, and Cisco Drive Industry Innovation ［M］. Boston: Harvard Business School Press, 2002.

［27］ G. M. 霍奇逊, 洪福海. 演化经济学的诸多含义 ［J］. 政治经济学评论, 2004 (2): 138 – 157.

［28］ Gabszewicz J. and Wauthy X. Two – Sided Markets and Price Competition with Multi – Homing ［R］. LIDAM Discussion Papers CORE 2004030, 2004.

［29］ Hagiu A. , Spulber D. First – Party Content and Coordination in Two – Sided Markets ［J］. Management Science, 2013, 59 (4): 933 – 949.

［30］ Hagiu A. Two – Sided Platforms: Product Variety and Pricing Structures ［J］. Journal of Economics & Management Strategy, 2010, 18 (4): 1011 – 1043.

［31］ Hall J. V. , Krueger A. B. An Analysis of the Labor Market for Uber's Driver – Partners in the United States ［J］. ILR Review, 2018, 71 (3): 705 – 732.

［32］ Hermalin B. E. , Katz M. L. Sender or Receiver: Who Should Pay to Exchange an Electronic Message ［J］. Rand Journal of Economics, 2004, 35 (3): 423 – 448.

［33］ Kitch E. W. , Isaacson M. , Kasper D. The Regulation of Taxicabs in Chicago [J]. Journal of Law and Economics, 1971, 14 (2): 285 – 350.

[34] Lessig L. The Law of the Horse: What Cyberlaw Might Teach [J]. Harvard Law Review, 1999, 113 (2): 501 – 549.

[35] Meeker M. 2017 Internet Trends Report [R]. Los Angeles: Code Conference 2017, 2017.

[36] Moore A. T. , Balaker T. Do Economists Reach a Conclusion on Taxi Deregulation [J]. Econ Journal Watch, 2006, 3 (2): 109 – 132.

[37] Nicholas E. , Katsamakas E. Two – Sided Competition of Proprietary vs. Open Source Technology Platforms and the Implications for the Software Industry [J]. Management Science, 2006, 52 (7): 1057 – 1071.

[38] Org Z. Two – Sided Markets: A Progress Report [J]. Rand Journal of Economics, 2010, 37 (3): 645 – 667.

[39] Parker G. G. , Van Alstyne M. W. Two – Sided Network Effects: A Theory of Information Product Design [J]. Management Science, 2005, 51 (10): 1494 – 1504.

[40] Petrongolo B. , Pissarides C. A. Looking into the Black Box: A Survey of the Matching Function [J]. Journal of Economic Literature, 2001, 39 (2): 390 – 431.

[41] Polanyi K. The Economy as Instituted Process [A]//Polanyi K. , Arensberg C. , Pearson H. Trade and Market in the Early Empires: Economies in History and Theory [C]. Chicago: Henry Regnery Company, 1957: 250.

[42] Powell W. W. The Transformation of Organization Forms: How Useful is Organization Theory in Accounting for Social Change? [A]//Friedland R. , Robertson A. F. Beyond the Marketplace: Rethinking Economy and Society [M]. New York: Aldine de Gruyter, 1990: 301 – 330.

[43] Rassman C. L. Regulating Rideshare Without Stifling Innovation: Examining the Drivers, the Insurance "Gap", and Why Pennsylvania Should Get on Board [J]. Pittsburgh Journal of Technology Law and Policy, 2015, 15 (1): 81 – 100.

[44] Rayle L. , Dai D. , Chan N. , et al. Just a Better Taxi? A Survey – based Comparison of Taxis, Transit, and Ridesourcing Services in San Francisco [J]. Transport

Policy, 2016, 45: 168 - 178.

[45] Rochet J. , Tirole J. Platform Competition in Two - sided Markets [J]. Journal of the European Economic Association, 2003, 1 (4): 990 - 1029.

[46] Rosenstein - Rodan P. N. The Role of Time in Economic Theory [J]. Economica, 1934 (1): 77 - 97.

[47] Roson R. Auctions in a Two - Sided Network: The Case of Meal Vouchers [J]. Networks and Spatical Economics, 2005 (4): 339 - 350.

[48] Rysman M. Competition between Networks: A Study of the Market for Yellow Pages [J]. Review of Economic Studies, 2004, 71 (2): 483 - 512.

[49] Samad T. , Annaswamy A. The Impact of Control Technology: Overview, Success Stories, and Research Challenges [J]. IEEE Control Syestems Society, 2011, 31 (5): 26 - 27.

[50] Schneider A. Uber Takes the Passing Lane Disruptive Competition and Taxi - Livery Service Regulations [J]. Elements Boston College Undergraduate Reseach Journal, 2015, 11 (2): 11 - 23.

[51] Shapiro K. Network Externalities, Competition, and Compatibility [J]. American Economic Reviews, 1985, 75 (3): 424 - 440.

[52] Small K. A. , Verhoef E. T. The Economics of Urban Transportation [M]. London: Routledge, 2007.

[53] Smedlund A. Value Cocreation in Service Platform Business Models [J]. Service Science, 2013, 4 (1): 79 - 88.

[54] Sun M. , Tse E. The Resource Based View of Competitive Advantage in Two - Sided Markets [J]. Journal of Management Studies, 2010, 46 (1): 45 - 64.

[55] Teece D. J. , Pisano G. , Shuen A. Dynamic Capability and Strategic Management [J]. Strategic Management Journal, 1997, 18 (7): 509 - 533.

[56] Ten C. W. , Manimaran G. , Liu C. C. Cybersecurity for Critical Infrastructures: Attack and Defense Modeling [J]. IEEE Transactions on Systems, Man, and Cybernetics - Part A: Systems and Humans, 2010, 40 (4): 853 - 865.

[57] Tucker C. , Zhang J. Growing Two - Sided Networks by Advertising the User Base: A Field Experiment [J]. Marketing Science, 2010, 29 (5): 805 - 814.

［58］Vivoda J. M., Harmon A. C., Babulal G. M., et al. E – hail（Rideshare）Knowledge, Use, Reliance, and Future Expectations among Older Adults［J］. Transportation Research Part F：Traffic Psychology and Behaviour, 2018（55）：426 – 434.

［59］Wang S., Chen H., Wu D. Regulating Platform Competition in Two – sided Markets under the O2O Era［J］. International Journal of Production Economics, 2019（215）：131 – 143.

［60］Wang Z., Wright J. Advalorem Platform Fees, Indirect Taxes, and Efficient Price Discrimination［J］. Rand Journal of Economics, 2017, 48（2）：467 – 484.

［61］Watanabe C., Naveed K., Neittaanmäki P. Co – evolution of Three Mega – trends Nurtures Un – captured GDP – Uber's Ride – sharing Revolution［J］. Technology in Society, 2016（46）：164 – 185.

［62］Wernerfelt B. A Resource – Based View of the Firm［J］. Strategic Management Journal, 1984, 16（3）：171 – 174.

［63］Wilbur K. C. A. Two – Sided, Empirical Model of Television Aduertising and Viewing Markets［J］. Marketing Science, 2008, 27（3）：356 – 378.

［64］Wirtz J., Tang C. Uber：Competing as Market Leader in the US versus Being a Distant Second in China in "Services Marketing：People Technology Strategy"［M］. Singapore：World Scientific Publishing Compangy, 2016.

［65］Yi Y., Gong T. Customer Value Co – creation Behavior：Scale Development and Validation［J］. Journal of Business Research, 2013, 66（9）：1279 – 1284.

［66］艾媒咨询. 2017 – 2018 中国网约车行业研究专题报告［R］. 广州：艾媒咨询, 2018.

［67］艾瑞咨询. 中国移动端出行服务市场研究报告［R］. 北京：艾瑞咨询, 2016.

［68］白同舟，李雪梅，王文静，等. 基于时空经济理念的城市交通枢纽发展对策［J］. 城市发展研究, 2018（4）：46 – 53.

［69］曹祎，罗霞. 考虑手机召车软件的城市出租车网络均衡研究［J］. 交通运输系统工程与信息, 2016（2）：70 – 76.

［70］陈明艺．国外出租车市场规制研究综述及其启示［J］．外国经济与管理，2006（8）：41-48．

［71］陈书静．经济学的时间及其革命［J］．经济学家，2006（3）：21-28．

［72］陈小鸿．"共享经济"不能成"网约车"逃避监管的理由［N］．经济日报，2015-10-20（9）．

［73］陈亚琦．基于时空视角的电子商务平台竞争及商业模式研究［D］．北京：北京交通大学，2016．

［74］陈越峰．"互联网+"的规制结构——以"网约车"规制为例［J］．法学家，2017（1）：17-31．

［75］崔航，李书峰，王维才．网约车需求对城镇居民出行的影响研究——以北京市为例［J］．城市发展研究，2017，24（5）：131-134．

［76］崔子涛．论互联网约车平台的法律规制［D］．石家庄：河北经贸大学，2017．

［77］董成惠．网约车类共享经济的价值分析［J］．兰州学刊，2017（4）：148-155．

［78］董丽丽，刘兵，李正风．另一种科学革命？——对伽里森交易区理论的一种解读［J］．科学技术哲学研究，2013（4）：77-82．

［79］凡勃伦．有闲阶级论：关于制度的经济研究［M］．李华夏，译．北京：中央编译出版社，2012．

［80］方燕，张昕竹．机制设计理论：一个综述［J］．产业经济评论（山东大学），2011（4）：13-35．

［81］冯华，陈亚琦．平台商业模式创新研究——基于互联网环境下的时空契合分析［J］．中国工业经济，2016（3）：99-113．

［82］高超民．分享经济模式下半契约型人力资源管理模式研究——基于6家企业的多案例研究［J］．中国人力资源开发，2015（23）：16-21．

［83］高永，安健，全宇翔．网络约租车对出行方式选择及交通运行的影响［J］．城市交通，2016（5）：1-8．

［84］戈森．人类交换规律与人类行为准则的发展［M］．陈秀山，译．北京：商务印书馆，2000：5-40．

［85］国家信息中心分享经济研究中心，中国互联网协会分享经济工作委员

会．中国共享经济发展年度报告（2018）［R］．北京：国家信息中心分享经济研究中心，中国互联网协会分享经济工作委员会，2018.

［86］哈耶克．科学的反革命［M］．冯克利，译．南京：译林出版社，2012：87-88.

［87］贺宏朝．"平台经济"下的博弈［J］．企业研究，2004（12）：20-24.

［88］侯登华．"四方协议"下网约车的运营模式及其监管路径［J］．法学杂志，2016（12）：68-77.

［89］侯汉坡，何明珂，庞毅，等．互联网资源属性及经济影响分析［J］．管理世界，2010（3）：176-177.

［90］胡蓓蓓，孔亚文，孙蒙鸽，等．"互联网+"下城市出租车服务模式对比研究——基于出租车服务利润率的测算与分析［J］．价格理论与实践，2017（2）：142-145.

［91］黄锫．共享经济中行政许可设定的合法性问题研究——以《上海网约车新规》为分析对象［J］．政法论丛，2017（4）：60-68.

［92］黄少安．准确把握现阶段我国政府职能的一般性与特殊性［J］．经济纵横，2014（12）：24-28.

［93］吉恩·卡拉汉．真实的人的经济学［M］．梁豪，牛海，译．上海：上海译文出版社，2013：494-496.

［94］焦凯．互联网思维对企业边界的影响［J］．企业管理，2015（6）：123-125.

［95］卡尔·波普尔．通过知识获得解放［M］．范景中，李本正，译．北京：中国美术学院出版社，1998：25-27.

［96］卡尔·皮尔逊．科学的规范［M］．李醒民，译．北京：商务印书馆，2012：456.

［97］36氪研究院．智慧出行，让天下没有难打的车——网约车用户调研报告［R］．北京：36氪研究院，2018.

［98］李德生．电子商务支付方式的时空经济研究［D］．北京：北京交通大学，2017.

［99］李金光．论劳动、资本的一般性与特殊性［D］．北京：中国人民大学，2004.

［100］李舒，武治中，吴学霖，等．解读中国互联网特色［R］．北京：波士顿咨询公司、阿里研究院、百度发展研究中心、滴滴政策研究院，2017.

［101］李允尧，刘海运，黄少坚．平台经济理论研究动态［J］．经济学动态，2013（7）：123－129.

［102］李志平，殷照伟．共享经济促进城市交通可持续发展［J］．城市，2017（9）：74－79.

［103］理查德·豪伊．边际效用学派的兴起［M］．晏智杰，译．北京：中国社会科学出版社，1999：147－148.

［104］理查德·斯维德伯格，吴苡婷．作为一种社会结构的市场［J］．社会，2003（2）：42－49.

［105］刘大为．差异化平台竞争中的兼容激励研究［J］．软科学，2018，32（4）：140－144.

［106］刘树君．奥地利学派主观主义的历史演进：从门格尔到拉赫曼［J］．广西社会科学，2010（5）：24－27.

［107］刘新刚，陈祎芳，卢鑫．我国利率市场化改革的路径选择：普遍性与特殊性［J］．商业研究，2016（1）：38－42.

［108］楼秋然．美国法上的网约车监管理论与实践——兼评七部门《网络预约出租汽车经营服务管理暂行办法》［J］．政治与法律，2017（10）：100－112.

［109］路德维希·冯·米塞斯．人的行动：关于经济学的论文［M］．余晖，译．上海：上海人民出版社，2013：115－118.

［110］吕本富．从平台经济到平台经济学［J］．财经问题研究，2018（5）：12－16.

［111］吕明，曹祎，罗霞．信息条件下城市出租车乘客等待时间测算模型［J］．重庆交通大学学报（自然科学版），2016（6）：101－104.

［112］罗伯特·K.殷．案例研究：设计与方法（第3版）［M］．周海涛，译．重庆：重庆大学出版社，2004：12.

［113］米尔顿·弗里德曼．自由选择－个人声明［M］．胡骑，译．北京：商务印书馆，1982.

［114］马涛，张洋．经济学的科学特征是预测还是解释——弗里德曼与萨缪

尔森相关论争的评析 [J]. 上海财经大学学报（哲学社会科学版），2009，11（3）：3 - 10 + 50.

[115] 门格尔. 国民经济学原理 [M]. 刘絮敖，译. 上海：上海世纪出版社，2005.

[116] 门格尔. 经济学方法论探究 [M]. 姚中秋，译. 北京：新星出版社，2017.

[117] 曲创，刘洪波. 交叉网络外部性、平台异质性与对角兼并的圈定效应 [J]. 产业经济研究，2018（2）：15 - 28.

[118] 荣朝和，韩舒怡，闫申，等. 关于匹配概念及其时空经济分析框架的思考 [J]. 北京交通大学学报（社会科学版），2017（2）：12 - 21.

[119] 荣朝和，王学成. 厘清网约车性质　推进出租车监管改革 [J]. 综合运输，2016（1）：4 - 10.

[120] 荣朝和. 关于经济学时间概念及经济时空分析框架的思考 [J]. 北京交通大学学报（社会科学版），2016（3）：1 - 15.

[121] 荣朝和. 交通—物流时间价值及其在经济时空分析中的作用 [J]. 经济研究，2011（8）：133 - 146.

[122] 荣朝和. 论时空分析在经济研究中的基础性作用 [J]. 北京交通大学学报（社会科学版），2014（4）：1 - 11.

[123] 上海济通信息技术有限公司. 2016 年度中国互联网巴士行业研究报告 [R]. 上海：上海济通信息技术有限公司，2016.

[124] 沈开举，陈晓济. 分享经济视角下网约车政府规制问题研究 [J]. 湖北社会科学，2017（5）：135 - 143.

[125] 盛来芳. 基于时空视角的轨道交通与城市空间耦合发展研究 [D]. 北京：北京交通大学，2012.

[126] 石雪，徐庆. 考虑组内网络效应的平台定价机制研究 [J]. 复旦学报（自然科学版），2018，57（1）：107 - 115.

[127] 宋心然. 中国网约车监管政策变迁研究——以倡议联盟框架为分析视角 [J]. 中国行政管理，2017（6）：103 - 107.

[128] 宋绪扬，陈力诚，肖烨. 微观情况下网约车对交通能耗与排放的影响研究 [J]. 交通节能与环境，2017（6）：46 - 50.

［129］孙梦琪．基于浮动车数据挖掘的北京市出租车运营特征研究［J］．现代城市，2017（4）：23－26.

［130］唐岷．城市公共自行车的经营模式与租车点布局优化研究［D］．西安：长安大学，2014.

［131］陶希东，刘思弘．平台经济呼唤平台型政府治理模式［J］．浦东开发，2013（12）：36－39.

［132］王波，荣朝和．论企业价值的时空意义［J］．北京交通大学学报（社会科学版），2016（1）：11－21.

［133］王汉斌，岳帅．网约车指导定价模型研究［J］．价格月刊，2016（10）：32－36.

［134］王文君．网约车双边平台滥用市场支配地位行为的认定及其规制研究［D］．杭州：浙江财经大学，2018.

［135］王先甲，余子鹤．网络外部性条件下差异化双边平台买者参与问题［J］．运筹与管理，2018，27（4）：1－9.

［136］王学成，荣朝和．出租车行业管制背景下的出行服务平台发展研究［J］．经济与管理研究，2016（6）：90－97.

［137］王学成，荣朝和．基于时空经济视角的城市出行服务体系研究［J］．产业经济评论（山东大学），2016（4）：1－14.

［138］王学成．网约车政策的影响因素与波及［J］．改革，2018（3）：124－133.

［139］王振营．交易经济学原理［M］．北京：中国金融出版社，2016.

［140］韦结余，薛澜，周源．基于"互联网＋交通"的移动出行行业发展的政策建议［J］．现代管理科学，2017（3）：9－11.

［141］吴洪洋．新业态下城市交通可持续发展的路径选择［R］．北京：交通运输部科学研究院，2018.

［142］吴照云，肖宏．浅析重塑"个人契约"与企业变革［J］．华东经济管理，2002，16（5）：44－57.

［143］武红军，韩梅，韩同振．马克思主义中人性的一般性和特殊性的解读［J］．文教资料，2015（10）：83－84.

［144］肖国安．中国粮食市场竞争与发展的理论分析［J］．经济学动态，

2002（10）：23 –26.

[145] 熊丙万. 专车拼车管制新探 [J]. 清华法学，2016（2）：131 –148.

[146] 修俊. 日程安排的经济分析及其应用 [D]. 北京：北京交通大学，2012.

[147] 徐晋，张祥建. 平台经济学初探 [J]. 中国工业经济，2006（5）：40 –47.

[148] 徐晋. 平台经济学：平台竞争的理论与实践 [M]. 上海：上海交通大学出版社，2007.

[149] 徐天柱. 创新与管制：互联网约租车管制制度研究 [J]. 江淮论坛，2017，282（2）：64 –70.

[150] 许明月，刘恒科. 网约车背景下地方出租车市场法律监管的改革与完善 [J]. 广东社会科学，2016（5）：249 –256.

[151] 薛岩，线伟华，陈雨虹，等. 2017 年滴滴出行平台就业研究报告 [R]. 北京：滴滴政策研究院，2017.

[152] 闫学东课题组. 基于滴滴大数据的北京道路交通运行状况分析报告 [R]. 北京：北京交通大学系统科学与工程研究院，2016.

[153] 杨善林，周开乐，张强，等. 互联网的资源观 [J]. 管理科学学报，2016（1）：1 –11.

[154] 曾伟民，Pierre – Henri Boutot，蔡晴. 中国出行行业引擎加速——2018 年中国新型出行市场研究 [R]. 上海：贝恩公司，2018.

[155] 曾奕婧. 网约车的监管困境与监管创新——基于政府角色的分析 [J]. 兰州学刊，2017（8）：189 –197.

[156] 张爱萍，林晓言，陈小君. 网约车颠覆性创新的理论与实证：以滴滴出行为例 [J]. 广东财经大学学报，2017，32（2）：31 –40.

[157] 张朝霞，秦青松，张勇. "互联网＋"时代客运出租车管理改革方向探讨 [J]. 价格理论与实践，2015（7）：17 –20.

[158] 张冬生. 我国出租汽车管理现状及改革建议 [J]. 综合运输，2005（5）：21 –23.

[159] 张立英. 信念、知识和经济学——米塞斯经济学思想中的认识论基础 [J]. 福建广播电视大学学报，2013（4）：41 –43，79.

［160］张永安，伊茜卓玛．各地网约车政策评价与比较分析［J］．北京工业大学学报（社会科学版），2018（3）：45－53.

［161］张元浩，荣朝和．从时空视角看轨道交通对东京大都市区的影响［J］．铁道运输与经济，2015（8）：78－82.

［162］赵雯．网约车平台运行机制与管制研究［D］．南京：东南大学，2017.

［163］郑毅．中央与地方立法权关系视角下的网约车立法——基于《立法法》与《行政许可法》的分析［J］．当代法学，2017，31（2）：12－22.

［164］中国互联网络信息中心．第44次中国互联网络发展状况统计报告［R］．北京：中国互联网络信息中心，2021.

［165］中国消费者报社，北京市消费者权益保护协会，天津市消费者权益保护协会，等．网约车消费者情绪指数报告［R］．北京：中国消费者报社，2017.

［166］中华人民共和国国务院．国务院关于城市优先发展公共交通的指导意见［J］．综合运输，2013（6）：61－63.

［167］中华人民共和国建设部．建设部关于优先发展城市公共交通的意见［J］．城市交通，2004（2）：63－64.

［168］周德群．资源概念拓展和面向可持续发展的经济学［J］．当代经济科学，1999（1）：29－32.

［169］左海峰．论"专车"四方协议中各方的法律关系［J］．湖南工程学院学报（社会科学版），2016（3）：83－86.